絶対合格プロジェクト

漢字検定 準2級

頻出順 完成問題

本書の特色

本書は、日ごろなかなか学習時間の取れないみなさんが、「25日間」という短期間で、日本漢字能力検定協会が主催する「漢字能力検定」に合格できる十分な実力を完成させ、なおかつ検定前に最後の実力確認ができるように、以下の5つの工夫をしています。

また、**改定された常用漢字表**に対応しています。

1 問題を出題頻度順に厳選！

最短距離で合格ラインに到達できるように、過去の試験問題を徹底的に分析し、出題頻度の高い問題（頻度順にランクA・B・C）を選び出しています。これらの頻出問題を学習すれば、最小の努力で最大の効果が得られます。

2 一日の適切な学習分量を絞り込み！

必須である「読み」や「書き取り」を中心に、「同音・同訓異字」「対義語・類義語」「部首」「四字熟語」「誤字訂正」など、実際の検定試験で出される多様な形式の問題を織り交ぜて**日割り**にし、**一日当たり6ページ**に収めました。これにより、途中で飽きることなく、無理のないペースで学習を進めることができます。

3 繰り返し学習が可能！

解答が赤刷りにしてあるので、消えるフィルターを使えば、赤文字の解答部分だけを消すことができます。これにより何度でも繰り返し学習することができ、頻出漢字、苦手な漢字をしっかりとマスターすることができます。

4 実戦模試で本番前に力試しができる！

計3回、本番の検定試験と同じ出題形式の模擬テストを設けました。これを実際の検定時間と同じ時間内で解くことによって、時間配分やこれまでの**学習成果の確認**ができます。

5 試験直前まで最後の確認ができる！

本書の大きな特長として、巻末に「**ファイナルチェック**」を設けています。これを使えば、それぞれの出題分野の超頻出問題を、検定試験直前までチェックすることができます。

目次

準2級の出題内容について

準2級では、小学校で習う学習漢字と4級・3級の配当漢字に加え、準2級(328字)の配当漢字が、出題の対象漢字となります。

「読み」の問題(下表の「漢字の読み」「熟語の構成」「対義語・類義語」「四字熟語」「誤字訂正」)では、準2級の対象漢字すべてが出題範囲となります。準2級の配当漢字が出題の中心です。

「書き取り」の問題(「同音・同訓異字」「対義語・類義語」「漢字と送りがな」「四字熟語」「誤字訂正」「漢字の書き取り」)も同様に、準2級の対象漢字すべてが出題範囲となります。

「部首」の問題(「部首」)も対象漢字すべてが出題範囲ですが、中心となるのは、準2級の配当漢字です。

そのほかに、巻末資料にまとめた熟字訓・当て字も出題されるので、確認しておきましょう。

以上のように、準2級の配当漢字が学習の中心となりますが、中学校をすでに卒業している人は、以前習った漢字でも確実に読み・書きができるようにしておくことが大切です。

級別出題内容と対象漢字数

級＼内容	漢字の読み	同音・同訓異字	漢字識別	熟語の構成	部首	対義語・類義語	漢字と送りがな	四字熟語	誤字訂正	漢字の書き取り	対象漢字数	対象レベル
4級	○	○	○	○	○	○	○	○	○	○	1339字	中学校在学程度
3級	○	○	○	○	○	○	○	○	○	○	1623字	中学校卒業程度
準2級	○	○	／	○	○	○	○	○	○	○	1951字	高校在学程度
2級	○	○	／	○	○	○	○	○	○	○	2136字	高校卒業・大学・一般程度

「日本漢字能力検定」受検ガイド

（個人受検の場合）

●検定実施日

毎年3回、日曜日に実施しています。
第1回…5月か6月、第2回…10月か11月、
第3回…翌年の1月か2月。

●検定会場

全国の主要都市で実施されているので、申し込み時に希望の地域を指定することができます。

●準2級の検定時間と合格基準

検定時間は**60分**で、合格のめやすは正答率70％程度です。200点満点のテストで、**140点**以上の点数を獲得できれば合格圏です。

●合否の通知

検定日から約30日前後で、受検者全員に検定結果通知と、合格者には合格証書・合格証明書が郵送されます。また、約25日後にはインターネットで、合否結果を確認することもできます。

●問い合わせ先

公益財団法人　日本漢字能力検定協会

〈ホームページ〉

http://www.kanken.or.jp/

（本部）

〒605-0074

京都市東山区祇園町南側551番地

TEL（075）757-8600

FAX（075）532-1110

（東京事務局）

〒100-0004

東京都千代田区大手町2-1-1大手町野村ビル

TEL（03）5205-0333

FAX（03）5205-0331

第1日(1)

読み

時間15分 合格35

得点 1回目 /50 2回目 /50

● 次の——線の読みをひらがなで記せ。

1 純朴な人柄が皆に愛されている。
2 彼らはどうも犬猿の仲のようだ。
3 彼の父親は大邸宅を構えている。
4 入賞の見込みなしと酷評される。
5 君の洞察力には恐れ入った。
6 麻薬は使用が規制されている。
7 この件は別枠で考えていこう。
8 探査船で日本海溝を調査する。
9 お父様のご逝去を悼みます。
10 彼の挑発的な態度が許せない。
11 呼吸器疾患で入院した。
12 今年こそ優勝旗を奪回したい。
13 花に擬態している虫を見つけた。
14 漠然とした不安感に悩まされる。
15 源氏物語の抄本を手に入れる。
16 妊婦は注意して階段を歩こう。
17 既往症を医師に報告し受診する。
18 イノシシに銃口を向ける。
19 陸地が突き出した所を崎という。
20 大雨洪水警報が発令される。
21 景気が漸次回復してきたようだ。
22 君に私の著作本を謹呈します。

解答

1 じゅんぼく
2 けんえん
3 ていたく
4 こくひょう
5 どうさつ
6 まやく
7 べつわく
8 かいこう
9 せいきょ
10 ちょうはつ
11 しっかん
12 だっかい
13 ぎたい
14 ばくぜん
15 しょうほん
16 にんぷ
17 きおうしょう
18 じゅうこう
19 さき
20 こうずい
21 ぜんじ
22 きんてい

23 不公平なことだと憤慨した。
24 汚職を糾明し、会社を建て直す。
25 公務員は綱紀を粛正すべきだ。
26 寡黙だが、言うべきことは言う。
27 むせて窒息しそうになった。
28 山頂からの眺めは壮観だ。
29 部下を一喝し、士気を高める。
30 労働者には罷業権がある。
31 法廷では厳正に裁判が行われた。
32 疎遠であった人と再会する。
33 銀行から融資を受けて起業する。
34 あの男は頻繁に見かける。
35 硫酸はほとんどの金属を溶かす。
36 相撲の試合を観戦する。

37 今夜はどうも吹雪になるようだ。
38 かわいい童を描いた絵を飾る。
39 嫌いな食べ物はピーマンだ。
40 蚕は口から糸を吐き、繭を作る。
41 ねじり鉢巻きで試験勉強をする。
42 縄跳びの練習をする女の子。
43 わざわざ時間を割いてくれた。
44 家が手狭になったので改築する。
45 魚の腐った臭いがする。
46 風鈴の涼しい音色が部屋に響く。
47 行き交う人々の表情も明るい。
48 鳴門《なると》の渦潮を見学する。
49 陛下のお言葉を賜る機会を得る。
50 暁の光を体中に浴びる。

23 ふんがい
24 きゅうめい
25 しゅくせい
26 かもく
27 ちっそく
28 そうかん
29 いっかつ
30 ひぎょう
31 ほうてい
32 そえん
33 ゆうし
34 ひんぱん
35 りゅうさん
36 すもう
37 ふぶき
38 わらべ
39 きら
40 まゆ
41 はちま
42 なわ
43 さ
44 てぜま
45 にお
46 すず
47 か
48 うずしお
49 たまわ
50 あかつき

第1日 (2)

同音・同訓異字、誤字訂正

時間 20分
合格 20

得点
1回目 /28
2回目 /28

● 次の――線のカタカナを漢字に直せ。

1 ガイ算で出張旅費を支出する。
2 台風の被ガイを受ける。

3 カン迎の式典を行う。
4 しっかり聞くことがカン心だ。

5 子どもが事故のギ牲になった。
6 このギ曲はたいへん人気がある。

7 この失敗はクいを残すことになる。
8 堂は古く，外壁がクち果てている。

9 あなたはケン明な判断をした。
10 彼のケン守が光った試合だ。

11 大事を取ってリョウ養する。
12 今回で番組が終リョウする。

13 投書が新聞に掲サイされる。
14 多額の負サイを抱える。

15 父の帰りを待ちコがれる。
16 朝からの仕事で肩がコっている。

解答

1 概
2 害
3 歓
4 肝
5 犠
6 戯
7 悔
8 朽
9 賢
10 堅
11 療
12 了
13 載
14 債
15 焦
16 凝

●次の各文にまちがって使われている同じ読みの漢字が一字ある。上に誤字を、下に正しい漢字を記せ。

1 公共機関は旧態以然とした慣例を重視し、大胆な転換を図れない。

2 億測で物を言うと信用されないので、根拠を明示して指摘せよ。

3 地球還境問題の協議は、開催地の首脳が議長を務めて進められた。

4 彼は手先が機用で、伝統的民芸細工職人としての評価が高い。

5 福祉の恩敬に浴することで、高齢者の生活が維持されている。

6 事態の収集には、問題を熟知した専門家の英知を集める必要がある。

7 優勝祝賀会には声援を送り続けた応援団も駆けつけ勢況であった。

8 再起を期して速戦力となる選手の育成に努めたいと抱負を述べた。

9 借地権を譲徒するとした前言を翻《ひるがえ》し、契約を破棄されてしまった。

10 多才な行事を提供したが、悪天候で目標入場者数は達成できなかった。

11 少数民族の拍害された歴史が人々に微妙な影を落とす国がある。

12 夕刻には堤肪で釣りを楽しむ太公望が、近郊の住宅地からやって来る。

解答

1 以・依
2 億・憶
3 還・環
4 機・器
5 敬・恵
6 集・拾
7 勢・盛
8 速・即
9 徒・渡
10 才・彩
11 拍・迫
12 肪・防

第1日（3）

書き取り

時間20分
合格35

得点
1回目 ／50
2回目 ／50

● 次の――線のカタカナを漢字に直せ。

1 いつもアイショウで呼ばれる。
2 イッシュン目を疑う出来事。
3 ひしゃくのエを右手で持つ。
4 赤いエンピツで線を引きなさい。
5 カイヒン公園で砂遊びをした。
6 姉妹校のカンゲイ式典を行う。
7 もう一度キサイ事項を確かめる。
8 冷夏のため今年はキョウサクだ。
9 害虫をクジョする薬品。
10 水害で堤防がケッカイした。
11 男女ケンヨウの制服を着る。
12 彼は必ず優勝するとゴウゴする。
13 突然のことでコンワクしている。
14 剣道のシナイを握りしめている。
15 愛犬をジュウイに診てもらった。
16 彼は何でもできるシュウサイだ。
17 床下シンスイした家が多く出た。
18 セイジャクな境内を散歩する。
19 人間はソウゴに助け合うべきだ。
20 タイヨウ年数を過ぎている冷蔵庫。
21 受付で会費をチョウシュウする。
22 ガクブチに賞状を入れる。

解答

1 愛称
2 一瞬
3 柄
4 鉛筆
5 海浜
6 歓迎
7 記載
8 凶作
9 駆除
10 決壊
11 兼用
12 豪語
13 困惑
14 竹刀
15 獣医
16 秀才
17 浸水
18 静寂
19 相互
20 耐用
21 徴収
22 額縁

23 優勝して監督のドウ上げをした。
24 災害救助隊員がハケンされる。
25 祖父の病状はヒカク的安定した。
26 飛行機のビヨクに傷が見つかる。
27 両雄がハケンを争う。
28 車輪はダセイで転がった。
29 選手代表がセンセイをした。
30 この区域にはテイタクが立ち並ぶ。
31 平和維持にリッキャクした外交。
32 自然のオンケイに感謝する。
33 父はアマトウで汁粉が好きだ。
34 さつまイモの天ぷらが大好物だ。
35 猟に出たがエモノが見つからぬ。
36 劇の終了後に役者に花をオクる。
37 発言が政策に影響をオヨぼす。
38 カネヅカいが荒いのはよくない。
39 梅雨時は食べ物がクサりやすい。
40 友人に真心をコめて手紙を書く。
41 村祭りでどんちゃんサワぎだ。
42 スんだ空気の中で運動会をした。
43 一度はタキギノウを鑑賞したい。
44 体のツカれがなかなかとれない。
45 バターをトかして料理に使う。
46 大雨で川の水がニゴっている。
47 息子を後継者にスえた。
48 机のハシに頭をぶつけてしまう。
49 ここの土はヤワらかい。
50 一方にカタヨる傾向がある。

---

23 胴
24 派遣
25 比較
26 尾翼
27 覇権
28 惰性
29 宣誓
30 邸宅
31 立脚
32 恩恵
33 甘党
34 芋
35 獲物
36 贈

37 及
38 金遣
39 腐
40 込
41 騒
42 澄
43 薪能
44 疲
45 溶
46 濁
47 据
48 端
49 軟
50 偏

第2日 (1) 読み

時間 15分　合格 35

得点　1回目 /50　2回目 /50

● 次の——線の読みをひらがなで記せ。

1 永平寺は禅宗の寺院である。
2 不幸せな境涯を嘆く。
3 縄文式土器の一片が発見される。
4 酢酸を使用した実験をする。
5 消臭成分が配合された洗剤。
6 この事業は県の管轄で行われる。
7 妹は虚弱体質だった。
8 会場ではどうか静粛に願います。
9 大学で解析学を専攻する。
10 壮行会で必勝を祈願する。
11 漆器が特産の町を訪ね歩く。
12 恩師の訃《ふ》報に接し弔電を打つ。
13 搭乗手続きを済ませ機内に入る。
14 君と一緒ならどこへでも行ける。
15 両者の実力は伯仲している。
16 紳士にふさわしい行為だ。
17 母は憂愁に閉ざされたままだ。
18 邸内には子どもの姿はなかった。
19 福利厚生の確かな企業に入る。
20 戦争中父は田舎に疎開していた。
21 茶褐色の瓶にあめ玉を入れる。
22 吟味した食材を使って調理する。

解答

1 ぜんしゅう
2 きょうがい
3 じょうもん
4 さくさん
5 しょうしゅう
6 かんかつ
7 きょじゃく
8 せいしゅく
9 かいせき
10 そうこう
11 しっき
12 ちょうでん
13 とうじょう
14 いっしょ
15 はくちゅう
16 しんし
17 ゆうしゅう
18 ていない
19 こうせい
20 そかい
21 ちゃかっしょく
22 ぎんみ

23 美醜を根拠に選んではいけない。
24 偏屈者と呼ばれたくはない。
25 国賓を迎えるため首相が出向く。
26 敗色はますます濃厚になった。
27 飢餓に苦しむ国への支援。
28 滋養強壮の薬を服用する。
29 手紙を封筒に入れる。
30 全国の銘菓を取り扱う。
31 賛否が分かれ、議会が紛糾する。
32 台風で山の岩が崩落する。
33 暴力を撲滅する運動に参加する。
34 契約不履行で訴えられる。
35 裕福な暮らしにあこがれる。
36 ガスの元栓を閉めて外出する。

37 大雑把な性格だが愛すべき人だ。
38 いつまでも気に病む必要はない。
39 不況で将来が危ぶまれる。
40 祖母は隣村から嫁いできた。
41 竜巻の被害に遭い、家が壊れる。
42 娘は赤い鼻緒の下駄が好きだ。
43 過ちを繰り返さないように誓う。
44 大根を植えるため畑に畝を作る。
45 昔は夜風に涼む光景が見られた。
46 背中に鈍い痛みが走った。
47 風薫る五月の空をツバメが飛ぶ。
48 朝ご飯の後は三分間歯を磨く。
49 アユは縄張りを持つ魚である。
50 綿と麻を混紡した上着を着る。

23 びしゅう
24 へんくつ
25 こくひん
26 のうこう
27 きが
28 じよう
29 ふうとう
30 めいか
31 ふんきゅう
32 ほうらく
33 ぼくめつ
34 りこう
35 ゆうふく
36 もとせん

37 おおざっぱ
38 や
39 あや
40 とつ
41 たつまき
42 はなお
43 ちか
44 うね
45 すず
46 にぶ
47 かお
48 みが
49 なわば
50 あさ

第2日 (2)

四字熟語

時間 20分
合格 24
得点
1回目 /33
2回目 /33

● 次の四字熟語について、問1と問2に答えよ。

問1 後の□内のひらがなを漢字にして1～10に入れ、四字熟語を完成せよ。□内のひらがなは一度だけ使うこと。

□ア 青息[1]息
□イ [2]憾千万
□ウ 威[3]堂堂
□エ 円転滑[4]
□オ 冠[5]葬祭
□カ 喜[6]哀楽
□キ 金[7]玉条
□ク 厚顔無[8]
□ケ [9]事来歴
□コ オ色[10]備

い・か・けん
こ・こん・だつ
ち・と・ど
ふう

問2 次の11～15の意味にあてはまるものを問1のア～コの四字熟語から一つ選び、記号で答えよ。

□11 最も大切な守るべき重要なきまりや法律。
□12 能力があり、しかも美人であること。
□13 苦しくてはあはあいうような状態。
□14 物事がスムーズに進行すること。
□15 昔から伝わる事物の由緒と経過の次第。

解答

問1
1 吐
2 遺
3 風
4 脱
5 婚
6 怒
7 科
8 恥
9 故
10 兼

問2
11 キ
12 コ
13 ア
14 エ
15 ケ

● 次の四字熟語について、問1と問2に答えよ。

問1 後の□内のひらがなを漢字にして1～12に入れ、四字熟語を完成せよ。□内のひらがなは一度だけ使うこと。

ア 主客[1]倒
イ [2]謀遠慮
ウ 千[3]一遇
エ 難[4]不落
オ 美[5]麗句
カ 付和[6]同
キ 迷[7]千万
ク 論[8]明快
ケ 愛別[9]苦
コ 一[10]半句
サ 縦[11]無尽
シ 巻土[12]来

おう・こう
ごん・ざい・し
じ・しん・ちょう
てん・らい・り
わく

問2 次の13～18の意味にあてはまるものを問1のア～シの四字熟語から一つ選び、記号で答えよ。

13 なかなか思い通りにならないこと。
14 述べられる筋がはっきりしていること。
15 遥か先のことまで考え立てた計画。
16 ちょっとした言葉。
17 他人の意見にすぐ同調すること。
18 失敗した者が再び勢力を盛り返すこと。

解答

問1
1 転
2 深
3 載
4 攻
5 辞
6 雷
7 惑
8 旨
9 離
10 言
11 横
12 重

問2
13 エ
14 ク
15 イ
16 コ
17 カ
18 シ

第2日(3)

書き取り

時間20分 合格35

得点 1回目 /50 2回目 /50

● 次の――線のカタカナを漢字に直せ。

1 両国の代表がアクシュを交わす。
2 父はお酒がイッテキも飲めない。
3 エイイ努力を重ねています。
4 私にエンリョする必要はないよ。
5 本日は欠席者がカイムである。
6 年に一度は会計カンサが必要だ。
7 部長が収賄罪でキソされた。
8 技術の進歩にはキョウタンする。
9 クッセツした心を癒してあげる。
10 代金をゲップで払うことにする。
11 彼のそんなコウイは許されない。
12 運転免許証のコウシン日。
13 石油のサイクツで大儲《もう》けした。
14 公園にいる紙シバイのおじさん。
15 シュンジも目が離せない赤ん坊。
16 先生が毎日校内をジュンシする。
17 もう少しシンチョウさが必要だ。
18 敵国にセイフクされた歴史。
19 室内のソウショクに凝っている。
20 ダクリュウにのまれた。
21 チョウヤク競技で優勝を果たす。
22 やっとの思いで真情をトロする。

解答

1 握手
2 一滴
3 鋭意
4 遠慮
5 皆無
6 監査
7 起訴
8 驚嘆
9 屈折
10 月賦
11 行為
12 更新
13 採掘
14 芝居
15 瞬時
16 巡視
17 慎重
18 征服
19 装飾
20 濁流
21 跳躍
22 吐露

23 父は美にドンカンな人だ。
24 いたずらをしてバチが当たる。
25 ヒガンのころに咲く赤い花。
26 ビリョクながら力になります。
27 方針からイツダツするな。
28 意見が合わずフンキュウした。
29 ケイコクの紅葉がきれいだ。
30 三か国がスウジクをなしている。
31 私のリュウギでやらせてもらう。
32 地球はワクセイの一つである。
33 外国語を自由にアヤツる人。
34 ご機嫌ウカガいにまいりました。
35 自分だけがエラいと思うな。
36 オソってきたハチから逃げる。

37 毎朝かばんをカカえて出勤する。
38 趣味と実益をカねて野菜を作る。
39 懐中時計のクサリが切れる。
40 まだ寒いがコヨミの上では春だ。
41 霊前に花をソナえる。
42 これ以上間隔をセバめられない。
43 この浴衣はタケが短すぎる。
44 燃えツきるまでやり遂げよう。
45 荷物を肩からサげて歩く。
46 ガラにもなく照れてしまった。
47 ハコヅめのみかんを友人に送る。
48 数日間ヒマをもらい郷里に帰る。
49 洗剤をアワ立てて洗う。
50 遅くならないうちにモドりなさい。

---

23 鈍感
24 罰
25 彼岸
26 微力
27 逸脱
28 紛糾
29 渓谷
30 枢軸
31 流儀
32 惑星
33 操
34 伺
35 偉
36 襲

37 抱
38 兼
39 鎖
40 暦
41 供
42 狭
43 丈
44 尽
45 提
46 柄
47 箱詰
48 暇
49 泡
50 戻

第3日 (1)

読み

時間 15分
合格 35

得点
1回目 /50
2回目 /50

● 次の——線の読みをひらがなで記せ。

1 彼の裏切りに憤激する。
2 今や閑却を許さない事態だ。
3 祖父は軍を統帥する立場だった。
4 洪積世にはマンモスが出現した。
5 酒造家の嫡男として生まれた。
6 刑務所で囚人を監視する。
7 一升瓶に入った酒を飲み干す。
8 空疎な議論をするのはやめよう。
9 捜査の結果、硝煙反応が出る。
10 朝食に海藻サラダが出された。
11 試合で殊勲打を放ったのは彼だ。
12 懲罰委員会にかけられた。
13 理想と現実との相克が続く。
14 講和条約を批准する。
15 公害が顕在化しつつある。
16 彼を教唆犯として取り調べる。
17 国歌の斉唱が体育館に響く。
18 デパートで舶来品を購入する。
19 真珠の首飾りが印象的な人だ。
20 使った皿を食器洗浄機で洗う。
21 合格は私たちへの福音であった。
22 悠長なことは言っていられない。

解答

1 ふんげき
2 かんきゃく
3 とうすい
4 こうせき
5 ちゃくなん
6 しゅうじん
7 いっしょう
8 くうそ
9 しょうえん
10 かいそう
11 しゅくん
12 ちょうばつ
13 そうこく
14 ひじゅん
15 けんざい
16 きょうさ
17 せいしょう
18 はくらい
19 しんじゅ
20 せんじょう
21 ふくいん
22 ゆうちょう

23 学歴を**詐称**してはいけない。
24 今回は**妥当**な判断だった。
25 彼の著書の**抄訳**を引用する。
26 兄は**幾何**学を専攻している。
27 **脳裏**に浮かぶのは田舎の風景だ。
28 今夜、私の**別邸**にお招きしよう。
29 **丁寧**な挨拶《あいさつ》がとても心地よい。
30 **竜神**は水を司《つかさど》るとされている。
31 写真の**粒子**が粗い。
32 姉は**呉服**屋に勤めている。
33 祖父は**漆黒**の闇《やみ》をさまよった。
34 **補充**人員が発表される。
35 **内裏**様を飾って桃の節句を祝う。
36 **叔父**は飛行機で東京に向かった。

37 商品の**銘柄**を気にせずに選ぶ。
38 **岬**の灯台の明かりが海を照らす。
39 **大和**は国のまほろばである。
40 **甚**だ迷惑な話だと憤慨する。
41 **八重歯**がかわいい女性と話す。
42 **血眼**になって行方を捜す。
43 娘が**垣根**の向こうで座っている。
44 私の**薦**める一冊を読んでほしい。
45 後で**悔**いても知らないよ。
46 この道はいつも車の走行が**滞**る。
47 子どもに命の大切さを**諭**す。
48 ここは**浦風**が吹いて気持ちいい。
49 善良な市民を**欺**く行為だ。
50 **猫舌**なので熱いものが苦手だ。

---

23 さしょう
24 だとう
25 しょうやく
26 きか
27 のうり
28 べってい
29 ていねい
30 りゅうじん
31 りゅうし
32 ごふく
33 しっこく
34 ほじゅう
35 だいり
36 おじ

37 めいがら
38 みさき
39 やまと
40 はなは
41 やえば
42 ちまなこ
43 かきね
44 すす
45 く
46 とどこお
47 さと
48 うらかぜ
49 あざむ
50 ねこじた

ランク A

第1日 第2日 第3日 第4日 第5日 第6日 第7日 第8日 第9日 第10日 第11日 第12日 第13日 第14日

第3日 (2)

部首、対義語・類義語

時間 20分
合格 31

得点
1回目 /44
2回目 /44

● 次の漢字の部首を記せ。

〈例〉 菜〔艹〕 間〔門〕

1 款
2 麻
3 碁
4 幽
5 顕
6 威

7 銃
8 靴
9 甚
10 喪
11 玄
12 誓

13 恭
14 耗
15 堅
16 同
17 酬
18 倒

19 典
20 暫
21 雇
22 及
23 去
24 崇

解答

1 欠
2 麻
3 石
4 幺
5 頁
6 女
7 金
8 革
9 甘
10 口
11 玄
12 言
13 㣺
14 耒
15 土
16 口
17 酉
18 亻
19 八
20 日
21 隹
22 又
23 厶
24 山

● 次の1～10の対義語、11～20の類義語を下の□の中から選び、漢字で記せ。□の中の語は一度だけ使うこと。

対義語

1 逸材
2 希釈
3 享楽
4 拘束
5 湿潤
6 浄化
7 衰微
8 秩序
9 透明
10 優良

類義語

11 回顧
12 頑丈
13 激励
14 懇意
15 逝去
16 大胆
17 伯仲
18 奔走
19 輸送
20 策謀

うんぱん・えいみん
おせん・かんそう
きんよく・けいりゃく
けんご・ごうほう
ごかく・こぶ
こんだく・こんらん
しゃくほう・しんみつ
じんりょく・ついおく
のうしゅく・はんえい
ぼんさい・れつあく

解答

1 凡才
2 濃縮
3 禁欲
4 釈放
5 乾燥
6 汚染
7 繁栄
8 混乱
9 混濁
10 劣悪

11 追憶
12 堅固
13 鼓舞
14 親密
15 永眠
16 豪放
17 互角
18 尽力
19 運搬
20 計略

第3日 (3)

書き取り

時間 20分
合格 35
得点
1回目 /50
2回目 /50

● 次の——線のカタカナを漢字に直せ。

1 アットウ的な強さで優勝した。
2 イッパンの方はここに入れない。
3 台風のエイキョウで波が高い。
4 現場のサンジョウを伝える写真。
5 犯人とカクトウしてねじ伏せた。
6 意中の人のカンシンを得たい。
7 家族の幸せをキネンして拝む。
8 あまりのキョウフに声が出ない。
9 顔にはクノウの色がにじみ出る。
10 負ければ優勝のケンガイだ。
11 コウイン矢のごとしと言われる。
12 内部コウソウが起こり混乱した。
13 完成に十年のサイゲツを費やす。
14 運動場のシバフが大変きれいだ。
15 毎晩十時にシュウシンしている。
16 新生活にやっとジュンノウした。
17 シンドは小さいが津波に備える。
18 日本社会の格差ゼセイが必要だ。
19 資本をゾウショクしていく計画。
20 勇気ある行動にダツボウした。
21 骨折のチリョウのため通院する。
22 家屋がソンカイする虞がある。

解答

1 圧倒
2 一般
3 影響
4 惨状
5 格闘
6 歓心
7 祈念
8 恐怖
9 苦悩
10 圏外
11 光陰
12 抗争
13 歳月
14 芝生
15 就寝
16 順応
17 震度
18 是正
19 増殖
20 脱帽
21 治療
22 損壊

23 景気回復のためのナイジュ拡大。
24 激しい運動をしてハッカンする。
25 姉はエイリな頭脳の持ち主だ。
26 ヒロウがたまり病気になる。
27 何事にもニンタイが肝心だ。
28 選手のネンポウが倍になった。
29 兄は小学校のキョウユをしている。
30 世話になった恩師がキュウセイした。
31 コウキュウの平和を願う。
32 ワコウドの集いが催された。
33 波がアラいので引き上げる。
34 郷里の風景が目にウかんでくる。
35 昨日の喧嘩《けんか》がオを引いている。
36 オソザきの桜が見事に花開く。

37 カタガきだけで人を判断するな。
38 白カベが美しい町並みを歩いた。
39 家の柱がクちて危ない状態だ。
40 人の物をヌスんではならない。
41 草のシゲみに隠れている小動物。
42 真にセマる演技に時間を忘れた。
43 交番で駅までの道をタズねた。
44 彼は雲をツくような大男だ。
45 自宅のトナリに駐車場を作った。
46 母の作ったニモノはおいしい。
47 いつまでも喜びにヒタっている。
48 子どものスコやかな成長を願う。
49 この地方にはスギの美林が多い。
50 アルバイトで旅行の費用をマカナう。

23 内需 24 発汗 25 鋭利 26 疲労 27 忍耐 28 年俸 29 教諭 30 急逝 31 恒久 32 若人 33 荒 34 浮 35 尾 36 遅咲

37 肩書 38 壁 39 朽 40 盗 41 茂 42 迫 43 尋 44 突 45 隣 46 煮物 47 浸 48 健 49 杉 50 賄

第4日(1)

読み

時間 15分
合格 35

得点
1回目 /50
2回目 /50

● 次の——線の読みをひらがなで記せ。

1 リーグ戦の覇者となる。
2 危機管理には迅速な対応が必要。
3 新しい技術は日々漸進している。
4 突然大臣が更迭される。
5 兄は頑強な肉体を自慢する。
6 訴訟を起こして解決を願う。
7 座禅を組んで修行する。
8 またとない繁栄を享受する。
9 祖父は毎日人工透析を受ける。
10 秋の虫が一斉に鳴き始めた。
11 子どもの状況をよく把握する。
12 彼は悲壮な決意で旅立った。
13 傷が治癒して外出が許される。
14 長々と駄文を連ね、恐縮です。
15 彼の教育実践は評価が高い。
16 それは首肯しがたい意見だ。
17 丘からの眺望は素晴らしい。
18 剰余金を来年度に繰り越す。
19 選挙によって政界の浄化を図る。
20 彼は最後まで孤塁を守った。
21 醜態をさらすまねはするな。
22 インターネットで検索する。

解答

1 はしゃ
2 じんそく
3 ぜんしん
4 こうてつ
5 がんきょう
6 そしょう
7 ざぜん
8 きょうじゅ
9 とうせき
10 いっせい
11 はあく
12 ひそう
13 ちゆ
14 だぶん
15 じっせん
16 しゅこう
17 ちょうぼう
18 じょうよ
19 じょうか
20 こるい
21 しゅうたい
22 けんさく

23 相互扶助の精神を大切にしたい。
24 機嫌のいい日は外出をする。
25 適宜休憩を取りながら進めよう。
26 日曜日、荘厳なミサに参加する。
27 空漠とした大海を航行する。
28 偏見を持って判断するな。
29 騒音に対して免疫ができている。
30 巻末にて参考文献を紹介する。
31 彼の出発は暮春のころだ。
32 猟銃を構えてクマに向かった。
33 富裕な生活を送る。
34 巧拙を論じるのはやめよう。
35 庭でトマトを栽培する。
36 貝塚を調査して昔の生活を知る。

37 彼は批判の矢面に立った。
38 将来を見据えて貯蓄しよう。
39 この風雨では傘はさしにくい。
40 八時間を費やして仕上げた。
41 彼は手綱さばきの上手な騎手だ。
42 流行は廃れてしまうものだ。
43 産業館で漆塗りの椀《わん》を購入する。
44 父は深夜、忍び足で帰宅した。
45 彼の優しさは乙女心をくすぐる。
46 バラの茎にはとげがある。
47 商品に適正な値をつける。
48 結婚の準備に家財道具を調える。
49 猫背のままでは体に悪い。
50 刃物の取り扱いに注意する。

23 ふじょ
24 きげん
25 てきぎ
26 そうごん
27 くうばく
28 へんけん
29 めんえき
30 ぶんけん
31 ぼしゅん
32 りょうじゅう
33 ふゆう
34 こうせつ
35 さいばい
36 かいづか
37 やおもて
38 みす
39 かさ
40 つい
41 たづな
42 すた
43 うるしぬ
44 しの
45 おとめ
46 くき
47 ね(あたい)
48 ととの
49 ねこぜ
50 はもの

第4日 (2)

熟語の構成、漢字と送りがな

時間20分 合格28

得点 1回目 /40 2回目 /40

● 熟語の構成のしかたには次のようなものがある。

ア 同じような意味の漢字を重ねたもの (岩石)
イ 反対または対応の意味を表す字を重ねたもの (高低)
ウ 上の字が下の字を修飾しているもの (洋画)
エ 下の字が上の字の目的語・補語になっているもの (着席)
オ 上の字が下の字の意味を打ち消しているもの (非常)

次の熟語は右のア〜オのどれにあたるか、一つ選び、記号で答えよ。

1 陳情
2 不穏
3 憂愁
4 窮状
5 禍福
6 無窮
7 真偽
8 享受
9 偏見
10 献呈
11 渉外
12 懇談
13 懐疑
14 興廃
15 把握

解答

1 エ　2 オ　3 ア　4 ウ　5 イ　6 オ　7 イ　8 ア　9 ウ　10 ア　11 エ　12 ウ　13 エ　14 イ　15 ア

● 次の——線のカタカナを漢字一字と送りがな（ひらがな）に直せ。

〈例〉 問題にコタエル。 答える

1 明日はオソラク雨だろう。
2 台風は農業に被害をオヨボシた。
3 彼はカガヤカシイ戦績を残した。
4 部長が課長をカネルことにした。
5 部屋がキタナイので掃除した。
6 クルオシイ気持ちを抑える。
7 峠をコエルと海が見える。
8 難所をサケル回り道がある。
9 教室の児童はサワガシイ。
10 彼は重要な役割をシメル人だ。
11 耳をスマセば虫の声が聞こえる。
12 息子への荷物に手紙をソエル。
13 人事をツクシて天命を待つ。
14 ツツシミ深い態度が好かれる。
15 大人としてナゲカワシイ行為だ。
16 実力では少しもオトラナイ。
17 彼女は頰《ほお》を染めてハジラウ。
18 川面《も》に小魚がハネル姿がある。
19 会議で環境問題にフレル。
20 社内でのモッパラのうわさだ。
21 資料をオギナウ必要がある。
22 失敗をコヤシにして努力した。
23 月刊誌に随筆をノセル。
24 親にアマヤカサれて育ってきた。
25 明日先生のお宅にウカガイます。

解答

1 恐らく
2 及ぼし
3 輝かしい
4 兼ねる
5 汚い
6 狂おしい
7 越える
8 避ける
9 騒がしい
10 占める
11 澄ませ
12 添える
13 尽くし
14 慎み
15 嘆かわしい
16 劣らない
17 恥じらう
18 跳ねる
19 触れる
20 専ら
21 補う
22 肥やし
23 載せる
24 甘やかさ
25 伺い

第4日(3)

書き取り

時間20分　合格35

得点　1回目　/50　2回目　/50

● 次の――線のカタカナを漢字に直せ。

1 緊張してアブラアセが流れる。
2 我が家には犬がイッピキいる。
3 どうもビコウされているようだ。
4 大気オセンは大きな環境問題だ。
5 政権をカクトクして政策を出す。
6 雨で洗濯物がカンソウしにくい。
7 夏のキュウカに海外に行った。
8 彼の主張にキョウメイする。
9 この結果になったケイイの説明。
10 ゲンカン先にだれか訪ねてきた。
11 集中ゴウウで洪水が起こる。
12 美しいコウタクのある銀の指輪。
13 奥のザシキで少し昼寝をする。
14 この商品はシハンされていない。
15 用意シュウトウに準備しておく。
16 就職先をショウカイしてもらう。
17 雨水が地下にシントウしていく。
18 バレー部のセタケの大きい選手。
19 これはゾウトウ用の商品です。
20 独裁政治ダトウを目指す。
21 酒の肴《さかな》としてチンチョウされる。
22 新聞の読者欄にトウコウした。

解答

1 脂汗
2 一匹
3 尾行
4 汚染
5 獲得
6 乾燥
7 休暇
8 共鳴
9 経緯
10 玄関
11 豪雨
12 光沢
13 座敷
14 市販
15 周到
16 紹介
17 浸透
18 背丈
19 贈答
20 打倒
21 珍重
22 投稿

23 完全ムケツの人間などいない。
24 新たなバッソク規定を設ける。
25 美しいビショウで知られる名画。
26 人の気持ちにビンカンになれ。
27 上司から仕事のホサを頼まれた。
28 歯列のキョウセイに通っている。
29 昔はよくエキビョウがはやった。
30 正統派ではなくアリュウだね。
31 祖父は自宅リョウヨウしている。
32 いとこはワンパク盛りだ。
33 先輩にアワい恋心を抱く。
34 少しウスいコーヒーが飲みたい。
35 京舞のオウギをかざす。
36 ナゴやかに話し合いが進む。

37 罪をオカしたことを悔やむ。
38 美しいカミ飾りをもらった。
39 予報によると明日はクモりだ。
40 体調をコワして休みをとる。
41 雨のシズクが小枝から落ちる。
42 守りから一気にセめに転じた。
43 労使間のタタカいが続いている。
44 長男が家業をツぐと言う。
45 二度失敗し監督にドナられた。
46 力をヌいて気楽にしていなさい。
47 その振る舞いは我が家のハジだ。
48 画壇に新風をフき込む作品。
49 畑の土を掘り返してウネを作る。
50 家族で亡くなった祖父をトムラう。

---

23 無欠
24 罰則
25 微笑
26 敏感
27 補佐
28 矯正
29 疫病
30 亜流
31 療養
32 腕白
33 淡
34 薄
35 扇
36 和

37 犯
38 髪
39 曇
40 壊
41 滴
42 攻
43 闘
44 継
45 怒鳴
46 抜
47 恥
48 吹
49 畝
50 弔

第5日 (1)

読み

時間 15分
合格 35

得点
1回目 /50
2回目 /50

● 次の——線の読みをひらがなで記せ。

1 古典芸能発祥の地を訪れる。
2 前言を撤回して再提案する。
3 祖母の苦渋の顔が忘れられない。
4 会議を主宰して招集する。
5 謹んで哀悼の意を表します。
6 旅先で質朴な村人に出会う。
7 管弦楽の演奏を生で聴く。
8 ここで恭順の意を表したい。
9 しばらく親戚《せき》の家に滞在した。
10 魚を解剖して生態を知る。
11 研究を奨励して助成金を出す。
12 戸籍謄本に記載されている。
13 宇宙旅行の擬似体験をする。
14 清涼な秋の空気を胸一杯吸う。
15 彼は今惰眠をむさぼっている。
16 参加者には粗品を進呈する。
17 塑像のデッサンに取り組む。
18 出場者代表の選手宣誓を行う。
19 本来の職務から逸脱した行為だ。
20 彼のお父さんは実に剛直な人だ。
21 犯人が捜査線上に浮かぶ。
22 懇意にしていただいている。

解答

1 はっしょう
2 てっかい
3 くじゅう
4 しゅさい
5 あいとう
6 しつぼく
7 かんげん
8 きょうじゅん
9 たいざい
10 かいぼう
11 しょうれい
12 とうほん
13 ぎじ
14 せいりょう
15 だみん
16 しんてい
17 そぞう
18 せんせい
19 いつだつ
20 ごうちょく
21 そうさ
22 こんい

23 明治憲法下の教育勅語を調べる。
24 懸賞金で車を購入する。
25 国王への拝謁を仰《おお》せつけられる。
26 アルコールで雑菌を消毒しよう。
27 あなたの親切を生涯忘れない。
28 妃殿下がこの町を訪問される。
29 組織の中核として活躍する。
30 権威に盲従するのはよくない。
31 不肖未熟の身ながら努力する。
32 祖父は米軍の捕虜となった。
33 もはや一刻の猶予もない。
34 鉱石を粉砕し、成分を調査する。
35 彼女は寮母として慕われた。
36 幾多の変遷を経て今に至る。

37 緊張した面持ちで式典に臨む。
38 建坪が広くゆったりしている。
39 刑に服して罪を償う。
40 既に述べたとおり決定された。
41 柿《かき》の実が熟れて赤く輝く。
42 彼女は出家して尼となった。
43 少女は人目を忍んで泣いていた。
44 叔母の仕事は看護師だ。
45 扉を開けて外に出よう。
46 民主化の運動に心を砕く。
47 彼はアルバイトで学費を稼ぐ。
48 干潟で遊ぶツルを観察する。
49 溝の掃除をする。
50 柳の木の下で少し休憩しよう。

23 ちょくご
24 けんしょう
25 はいえつ
26 ざっきん
27 しょうがい
28 ひでんか
29 ちゅうかく
30 もうじゅう
31 ふしょう
32 ほりょ
33 ゆうよ
34 ふんさい
35 りょうぼ
36 へんせん

37 のぞ
38 たてつぼ
39 つぐな
40 すで
41 う
42 あま
43 しの
44 おば
45 とびら
46 くだ
47 かせ
48 ひがた
49 みぞ
50 やなぎ

第5日 (2)

同音・同訓異字、誤字訂正

時間 20分
合格 20

得点
1回目 /28
2回目 /28

● 次の――線のカタカナを漢字に直せ。

1 何回も試行サク誤を繰り返す。
2 先生に宿題を添サクしてもらう。
3 無罪をショウ明する必要がある。
4 左右が対ショウの図形である。
5 六ジョウの和室が二部屋ある。
6 ジョウ報が乱れ飛んでいる。
7 ひざをスりむいたので痛い。
8 スんだ声で合唱する。
9 買い物をしてセイ求書をもらう。
10 セイ一杯努力しよう。
11 急に指名されて動ヨウした。
12 彼の言動をヨウ護する。
13 ケイ続は力なりと言われる。
14 入試の出題ケイ向を調べる。
15 ここをタえれば展望が開ける。
16 飛行機の消息がタえる。

解答

1 錯
2 削
3 証
4 称
5 畳
6 情
7 擦
8 澄
9 請
10 精
11 揺
12 擁
13 継
14 傾
15 耐
16 絶

● 次の各文にまちがって使われている同じ読みの漢字が一字ある。上に誤字を、下に正しい漢字を記せ。

1 車の往来の多い幹線道路で警官が異法駐車を取り締まっている。

2 数学問題の採点では、解答結果より記載された思考課程を重視する。

3 発表会で自分の順番が近づき、局度の緊張に見舞われた。

4 受験勉強の合間をぬって合格希願のために太宰府天満宮を訪れた。

5 試行錯誤を繰り返し、衝突時の衝激を吸収する装置を開発した。

6 彼は独自の境地を開き、時代や社会を風指した戯画を描き続けた。

7 管理職用の研習会で危機対応の方策と組織経営について学んだ。

8 何度も計画を練り直し、遂《つい》に日本の百名山を制服する旅に出た。

9 国内需要が急激に落ち込んでいるので、世界に販路を開択すべきだ。

10 大きな岐路に立つ選択だけに、態度決定までまだ検当の余地がある。

11 脈泊の乱れがあり、医療機器の充実した病院での精密検査が必要だ。

12 注意力が散慢になると、製造工程でのミスから不良品が多くでる。

解答

1 異・違
2 課・過
3 局・極
4 希・祈
5 激・撃
6 指・刺
7 習・修
8 制・征
9 択・拓
10 当・討
11 泊・拍
12 慢・漫

第5日 (3)　書き取り

時間 20分
合格 35

得点
1回目　/50
2回目　/50

● 次の――線のカタカナを漢字に直せ。

1 アンミンを妨げる犬の鳴き声。
2 庭にあるイドは今は使えない。
3 エッキョウ入学は許されない。
4 リョカク運賃の改正を認可する。
5 この絵にふさわしいガクブチ。
6 プールのカンシ人の仕事をする。
7 屋根のケイシャが急な家だ。
8 キョクタンなことを言う人だ。
9 川がケイカイ水位を超える。
10 登山者がケンキャクを誇る。
11 料金の値上げにコウギするデモ。
12 敵味方の激しいコウボウが続く。
13 観戦の申し込みがサットウする。
14 無駄なシボウを落として痩《や》せる。
15 勝利のシュクハイをあげる。
16 ショウコの品を突きつけられる。
17 他人の家にシンニュウするな。
18 遊園地のゼッキョウマシン。
19 餅《もち》の入った正月のゾウニ。
20 民衆の反対運動をダンアツする。
21 長いチンモクを破って発表する。
22 常にトウシを内に秘めた選手だ。

解答

1 安眠	2 井戸	3 越境	4 旅客	5 額縁	6 監視	7 傾斜	8 極端	9 警戒	10 健脚	11 抗議
12 攻防	13 殺到	14 脂肪	15 祝杯	16 証拠	17 侵入	18 絶叫	19 雑煮	20 弾圧	21 沈黙	22 闘志

23 ニュウワなまなざしで出迎える。
24 繁華街でハッポウ事件が起こる。
25 生活ヒツジュ品の値上げは困る。
26 ビンワンの弁護士として有名だ。
27 新しい国王にエッケンする。
28 必要なところにテキギ印をつける。
29 ヘイコウ感覚を失って転ぶ。
30 両社がガッペイして業界一位になる。
31 オダクした川の水質が問題だ。
32 星空をアオいで夏の夜を楽しむ。
33 彼の仕業にイカりがこみ上げた。
34 住民のウッタえを受け止める。
35 妹はオオツブの涙を流している。
36 クマにオソわれて重傷を負った。

37 包みカクさずすべてを話そう。
38 近所の大木にカミナリが落ちた。
39 同じ過ちを二度とクり返さない。
40 桜並木はサカりを迎えている。
41 夕日がシズんでいくのを眺めた。
42 セマい道路だから車は入れない。
43 学生寮はタタミの部屋が少ない。
44 八方手をツくして調べる。
45 民宿にトまりながら旅を続けた。
46 帽子をヌいで部屋に入ること。
47 カオりの高いコーヒーを飲む。
48 様々な問題がフクまれている。
49 どこからかコトの音《ね》が聞こえる。
50 カセぐに追いつく貧乏なし。

23 柰和
24 発砲
25 必需
26 敏腕
27 謁見
28 適宜
29 平衡
30 合併
31 汚濁
32 仰
33 怒
34 訴
35 大粒
36 襲

37 隠
38 雷
39 繰
40 盛
41 沈
42 狭
43 畳
44 尽
45 泊
46 脱
47 香
48 含
49 琴
50 稼

第6日（1）

読み

時間15分
合格35

得点
1回目　／50
2回目　／50

● 次の――線の読みをひらがなで記せ。

1 会社の同僚と酒を酌《く》み交わす。
2 心身が疲弊する経験をした。
3 朕とは天子の自称である。
4 生活に困窮し、両親に相談する。
5 警備に充当する人員を募集した。
6 失業率は漸増の傾向にある。
7 現状を肯定しつつ改良を加える。
8 所轄の警察署に捜査を依頼する。
9 本社は販売部門を拡充する。
10 東海地方が地震の惨禍を被った。
11 方針を徹底させることが肝要だ。
12 この部分を抜粋して記録しよう。
13 私が渉外係を引き受けよう。
14 分析によると景気回復は難しい。
15 ゴッホの亜流の作品にすぎない。
16 歯並びを矯正してもらっている。
17 堕落した生活は改めるべきだ。
18 彼は頑健な体が自慢である。
19 蚊が媒介となって病原菌を運ぶ。
20 拙速に事を運ぶのは危険だ。
21 衷心よりおくやみ申し上げます。
22 謙譲語は自分をへりくだる語だ。

解答

1 どうりょう
2 ひへい
3 ちん
4 こんきゅう
5 けいび
6 ぜんぞう
7 こうてい
8 しょかつ
9 かくじゅう
10 さんか
11 てってい
12 ばっすい
13 しょうがい
14 ぶんせき
15 ありゅう
16 きょうせい
17 だらく
18 がんけん
19 ばいかい
20 せっそく
21 ちゅうしん
22 けんじょう

23 **偽善**者と言われるのは心外だ。
24 **因循**な態度が周りを不快にした。
25 **珠算**教室でのそろばんの練習。
26 このたび高額**紙幣**が発行される。
27 山で遭難した人々を**捜索**する。
28 部下の**不祥事**を社長が謝罪する。
29 出てくるのは**愚痴**ばかりである。
30 学歴**偏重**の社会を打破したい。
31 町の**診療**所で病状を診てもらう。
32 彼女は**盲導**犬と共に生きている。
33 祖父は**盆栽**作りを趣味とする。
34 近隣国との**融和**を保っていく。
35 政治**倫理**に基づいて行われる。
36 開発で**山肌**があらわにされる。

37 夕日に**映**える銀杏《いちょう》の木が美しい。
38 母は防寒用に**足袋**をはく。
39 **扉絵**が見事な厨子《ず》が開帳される。
40 **外堀**を埋めて目的を達成しよう。
41 **風邪**をひいて寒気がする。
42 **醜**いアヒルの子は白鳥になった。
43 **素手**で魚をつかんだ。
44 **偏**った食事は体に悪い。
45 栗《くり》の**渋皮**をむいて料理する。
46 **襟足**の綺《き》麗な女性に惹《ひ》かれる。
47 事故現場には**人垣**ができていた。
48 彼はいとも簡単に小舟を**操**る。
49 **唇**をとがらせる。
50 洗濯物を水に**漬**ける。

---

23 ぎぜん
24 いんじゅん
25 しゅ(たま)ざん
26 しへい
27 そうさく
28 ふしょうじ
29 ぐち
30 へんちょう
31 しんりょう
32 もうどう
33 ぼんさい
34 ゆうわ
35 りんり
36 やまはだ

37 は
38 たび
39 とびらえ
40 そとぼり
41 かぜ
42 みにく
43 すで
44 かたよ
45 しぶかわ
46 えりあし
47 ひとがき
48 あやつ
49 くちびる
50 つ

第6日 (2)

四字熟語

時間 20分　合格 24

得点　1回目　/33　2回目　/33

● 次の四字熟語について、問1と問2に答えよ。

問1 後の□内のひらがなを漢字にして1～10に入れ、四字熟語を完成せよ。□内のひらがなは一度だけ使うこと。

ア 悪口 1 言
イ 意気消 2
ウ 雲 3 霧消
エ 4 名返上
オ 5 善懲悪
カ 鬼面仏 6
キ 鯨飲 7 食
ク 公 8 良俗
ケ 誇大妄 9
コ 七転八 10

お・かん・さん
じょ・しん・そう
ぞう・ちん・とう
ば

問2 次の11～15の意味にあてはまるものを問1のア～コの四字熟語から一つ選び、記号で答えよ。

11 悪い評判をしりぞけること。
12 様々にののしること。
13 苦痛のためにのたうち回ること。
14 元気をなくしてしょげること。
15 物事が一時になくなること。

解答

問1
1 雑　2 沈　3 散　4 汚　5 勧
6 心　7 馬　8 序　9 想　10 倒

問2
11 エ　12 ア　13 コ　14 イ　15 ウ

● 次の四字熟語について、問1と問2に答えよ。

問1 後の□内のひらがなを漢字にして1～12に入れ、四字熟語を完成せよ。□内のひらがなは一度だけ使うこと。

ア 神出鬼 1
イ 酔生 2 死
ウ 朝三 3 四
エ 破顔一 4
オ 5 裏一体
カ 傍 6 無人
キ 優勝 7 敗
ク 和 8 折衷
ケ 悪戦苦 9
コ 一 10 発起
サ 因果 11 報
シ 順風満 12

おう・じゃく
しょう・とう
ねん・ぱん
ひょう・ぼ・ぼつ
む・よう・れつ

問2 次の13～18の意味にあてはまるものを問1のア～シの四字熟語から一つ選び、記号で答えよ。

13 思い立って決心すること。
14 関係が密接で切り離せないこと。
15 いたずらに一生を終わること。
16 強者が栄えて弱者が滅びること。
17 物事が好都合に進むたとえ。
18 口先でうまく人をだますこと。

解答

問1
1 没
2 夢
3 暮
4 笑
5 表
6 若
7 劣
8 洋
9 闘
10 念
11 応
12 帆

問2
13 コ
14 オ
15 イ
16 キ
17 シ
18 ウ

第6日(3)

書き取り

時間20分　合格35

得点　1回目　/50　2回目　/50

● 次の——線のカタカナを漢字に直せ。

1 アンモクの了解の元に行われる。
2 イナズマのように草原を駆ける。
3 クマはエットウ前に食べ続けた。
4 人間は自然のオンケイを受ける。
5 都合で説明をカツアイします。
6 彼はガンチクのある話をする。
7 山登りでキャクリョクを鍛える。
8 この地は重要な軍事キョテンだ。
9 権力にゲイゴウする人間が多い。
10 ゲンコウ用紙を使って書く。
11 常にコウキシンを持ち続ける。
12 敵をコウリャクするための作戦。
13 大サンジを未然に防ぐ危機管理。
14 ジマンばかりすると嫌われる。
15 この村にはシュクハク施設がない。
16 人権に関する憲法のジョウコウ。
17 シンミョウな顔で教室に入る。
18 夏休みにはゼヒおいでください。
19 話がゾウフクされて伝わる。
20 廊下をタンネンに磨き上げる。
21 敵のツイセキから逃れる。
22 前政権の方針をトウシュウする。

解答

1 暗黙　2 稲妻　3 越冬　4 恩恵　5 割愛　6 含蓄　7 脚力　8 拠点　9 迎合　10 原稿　11 好奇心

12 攻略　13 惨事　14 自慢　15 宿泊　16 条項　17 神妙　18 是非　19 増幅　20 丹念　21 追跡　22 踏襲

23 今年の夏はモウレツに暑い。
24 政界にハモンを広げる発言だ。
25 放火事件がレンサして起こる。
26 フキュウの名作として知られる。
27 偏らずチュウヨウを行くべきだ。
28 明治時代のシヘイを集めている。
29 チツジョ正しい学校生活を送る。
30 俳優が楽屋でケショウをしている。
31 リンジンとの挨拶《あいさつ》は大切だ。
32 人の意見に耳をカタムけなさい。
33 大勢の人の前でアカハジをかく。
34 イクエにも重なる牡丹《ぼたん》の花びら。
35 短期間のうちにウデを上げた。
36 小高いオカの上から街を眺める。

37 一度は阿波《あわ》オドりを見てみたい。
38 この洋服はカゲボしにすべきだ。
39 カラクサ模様の風呂敷《ふろしき》に包む。
40 電波時計は一秒のクルいもない。
41 サカズキを酌《く》み交わした仲だ。
42 料金のシハラいは現金で行う。
43 母に手紙をソえて贈り物をした。
44 チームを支えるタノもしい人。
45 人前では言葉をツツシみなさい。
46 新しい大臣が政務をトり始めた。
47 泥棒に宝石をヌスまれてしまう。
48 自宅をハナれて一人で暮らす。
49 スズを転がすようなきれいな声だ。
50 今年も祖母が白菜をツけている。

23 猛烈
24 波紋
25 連鎖
26 不朽
27 中庸
28 紙幣
29 秩序
30 化粧
31 隣人
32 傾
33 赤恥
34 幾重
35 腕
36 丘

37 踊
38 陰干
39 唐草
40 狂
41 杯
42 支払
43 添
44 頼
45 慎
46 執
47 盗
48 離
49 鈴
50 漬

第7日（1）

読み

時間 15分
合格 35

得点
1回目 ／50
2回目 ／50

● 次の――線の読みをひらがなで記せ。

1 備忘録に書いた内容を点検する。
2 学級懇談会には父が出席する。
3 彼女は事故で記憶を喪失した。
4 彼は弾劾裁判で裁かれるだろう。
5 災害で都市の中枢がマヒする。
6 頑固な親父には逆らえない。
7 祖父は享年七十で逝った。
8 雨のため、洗濯物が乾かない。
9 安閑としてはいられない状況だ。
10 これは県が推奨する銘柄である。
11 折衷案としてこの意見を出そう。
12 学生のための賃貸住宅に住む。
13 特殊な事情があって行けません。
14 長年の勲功により表彰される。
15 怪我《けが》のため試合を棄権する。
16 侮辱を受けるつもりはない。
17 滋味あふれる教訓をいただいた。
18 醜聞を流して評判を下げる。
19 差別の撤廃運動が展開される。
20 証人として出廷が求められる。
21 素朴な彼の人柄が皆を和ませる。
22 献身的な看護のおかげで助かる。

解答

1 びぼうろく
2 こんだん
3 そうしつ
4 だんがい
5 ちゅうすう
6 がんこ
7 きょうねん
8 せんたく
9 あんかん
10 すいしょう
11 せっちゅう
12 ちんたい
13 とくしゅ
14 くんこう
15 きけん
16 ぶじょく
17 じみ
18 しゅうぶん
19 てっぱい
20 しゅってい
21 そぼく
22 けんしん

23 それは核心をついた意見だ。
24 桟道を歩いて頂上を目指す。
25 炭酸水には気泡ができる。
26 消火栓を点検し万一に備えよう。
27 法務大臣が更迭される。
28 触媒を用いて化学反応を起こす。
29 ハマグリの時雨煮を作る。
30 彼は憤然として席を立った。
31 国王への謁見が許される。
32 借金の返済に奔走する。
33 これから諸国遍歴の旅に出る。
34 パーティーに愉悦を覚える。
35 文学の全分野を網羅する資料だ。
36 累進課税の見直しが求められる。

37 彼の叔父は胸の病に倒れた。
38 相撲の試合で無様に投げられた。
39 耳栓をしてプールで泳ぐ。
40 審議会に諮って結論を出す。
41 必要且つ十分な条件が整う。
42 今度の選挙は弔い合戦だ。
43 歩き始めにはこの靴がよかろう。
44 未来に雄々しく羽ばたきなさい。
45 反物売り場で夏の着物を買った。
46 売れ行きが渋ったままだ。
47 彼は隅々まで知り尽くしている。
48 京都で機織りの技術を学ぶ。
49 筒先を炎に向けて放水する。
50 為替によって代金を支払う。

23 かくしん
24 さんどう
25 きほう
26 しょうかせん
27 こうてつ
28 しょくばい
29 しぐれ
30 ふんぜん
31 えっけん
32 ほんそう
33 へんれき
34 ゆえつ
35 もうら
36 るいしん
37 やまい
38 ぶざま
39 みみせん
40 はか
41 か
42 とむら
43 くつ
44 おお
45 たんもの
46 しぶ
47 すみずみ
48 はたお
49 つつさき
50 かわせ

第7日 (2)

部首、対義語・類義語

時間 20分
合格 31

得点
1回目 /44
2回目 /44

● 次の漢字の部首を記せ。

〈例〉菜［艹］ 間［門］

1 剖
2 致
3 献
4 邸
5 妥
6 履
7 瓶
8 棄
9 哀
10 懇
11 準
12 泰
13 尋
14 垂
15 扉
16 亭
17 秀
18 翁
19 着
20 戒
21 庸
22 蛍
23 癒
24 竜

解答

1 刂
2 至
3 犬
4 阝
5 女
6 尸
7 瓦
8 木
9 口
10 心
11 氵
12 氺
13 寸
14 土
15 戸
16 亠
17 禾
18 羽
19 羊
20 戈
21 广
22 虫
23 疒
24 竜

●次の1～10の対義語、11～20の類義語を下の□の中から選び、漢字で記せ。□の中の語は一度だけ使うこと。

対義語

1 懐柔
2 虐待
3 傑物
4 購入
5 諮問
6 召喚
7 喪失
8 中枢
9 悲哀
10 頒布

類義語

11 看過
12 偽作
13 貢献
14 熟睡
15 繊細
16 卓越
17 罷免
18 抹消
19 了解
20 忍耐

あいご・あんみん
いあつ・かいしゅう
かいにん・かくとく
がまん・かんき
きよ・じょきょ
とうしん・なっとく
ばいきゃく・はけん
ひぼん・びみょう
ぼんじん・まったん
もくにん・もぞう

解答

1 威圧
2 愛護
3 凡人
4 売却
5 答申
6 派遣
7 獲得
8 末端
9 歓喜
10 回収

11 黙認
12 模造
13 寄与
14 安眠
15 微妙
16 非凡
17 解任
18 除去
19 納得
20 我慢

第7日(3)

書き取り

時間20分
合格35
得点
1回目 ／50
2回目 ／50

● 次の――線のカタカナを漢字に直せ。

1 今年もイネカリの季節になった。
2 作家の中でもイサイを放つ人だ。
3 交通イハンのため罰金を支払う。
4 茶柱が立つとエンギがいい。
5 団体宛《あて》にはオンチュウと書く。
6 宝石のカンテイ士として働く。
7 この案はすぐにキャッカされた。
8 長いキョリを歩いて到着した。
9 野党が与党にギャクシュウした。
10 彼は何事もケンジツにこなす。
11 横綱のゴウカイな上手投げ。
12 毎年コウレイの行事が行われる。
13 被災地のサンジョウを視察する。
14 部屋には犯人のシモンが残る。
15 会社設立のシュシを記している。
16 シンゲン地の近くは被害が大きい。
17 公園で警官のジンモンを受けた。
18 大学で文学をセンコウしている。
19 国の新しい皇帝がソクイした。
20 ダンリョク性を持たせた規則。
21 資料をテンプしてお送りします。
22 健康診断でドウ周りを測られた。

解答

1 稲刈
2 異彩
3 違反
4 縁起
5 御中
6 鑑定
7 却下
8 距離
9 逆襲
10 堅実
11 豪快
12 恒例
13 惨状
14 指紋
15 趣旨
16 震源
17 尋問
18 専攻
19 即位
20 弾力
21 添付
22 胴

23 朝ネボウをして学校に遅刻する。
24 遺跡のハックツ調査が進む。
25 プロにヒッテキするほどの秀作。
26 液晶テレビがフキュウする。
27 事件の全容をハアクする。
28 この辺のドジョウは肥えている。
29 飛行機にごトウジョウください。
30 カイボウの所見が発表された。
31 大国にレイゾクする植民地。
32 山道の草花がアサツユにぬれる。
33 母は毎朝イソガしい時を過ごす。
34 アマい言葉にはだまされない。
35 危険をオカして山を越えていく。
36 今日は昨日にオトらず寒い。

37 少年は山をカけ抜けていった。
38 猟師はイノシシガりに出かけた。
39 もう少しクワしい情報を教える。
40 いよいよ桜の花がサく季節だ。
41 賛成が過半数をシめる。
42 無理をすると健康をソコなうよ。
43 いつまでダマっているつもりだ。
44 桜並木がツツミに沿って続く。
45 彼の死をナゲく手紙が多く届く。
46 湖とヌマのちがいは何ですか。
47 カエルがぴょんとハねた。
48 市民の意見をフまえて検討する。
49 焼き物をカマから取り出す。
50 私はその分野にはめっぽうウトい。

23 寝坊
24 発掘
25 匹敵
26 普及
27 把握
28 土壌
29 搭乗
30 解剖
31 隷属
32 朝露
33 忙
34 甘
35 冒
36 劣

37 駆
38 狩
39 詳
40 咲
41 占
42 損
43 黙
44 堤
45 嘆
46 沼
47 跳
48 踏
49 窯
50 疎

第8日（1）

読み

時間 15分
合格 35

得点
1回目 /50
2回目 /50

● 次の——線の読みをひらがなで記せ。

1 父と晩酌を楽しむ。
2 爵位は昭和二十二年に廃止された。
3 鉄瓶で茶を沸かす。
4 小学校の教諭として赴任する。
5 紛争地に軍隊が駐屯する。
6 私の生活には干渉しないでくれ。
7 春の叙勲者が新聞で公表される。
8 議論は暗礁に乗り上げた。
9 主賓席はこちらに用意してある。
10 残忍な行為として批判される。
11 物価が高騰し、生活が苦しい。
12 資料の返却を督促する。
13 泰然自若の姿勢が人を圧倒する。
14 江戸時代の浮世絵を展示する。
15 息子は昆虫採集が大好きである。
16 大学の附属施設で研究を続ける。
17 財閥の総帥としての功績がある。
18 あの男は窃盗容疑で逮捕された。
19 地殻変動で隆起した土地。
20 父は渓谷を歩くのが趣味だ。
21 選択肢が多く用意されている。
22 窮屈な生活から抜け出したい。

解答

1 ばんしゃく
2 しゃくい
3 てつびん
4 きょうゆ
5 ちゅうとん
6 かんしょう
7 じょくん
8 あんしょう
9 しゅひん
10 ざんにん
11 こうとう
12 とくそく
13 たいぜん
14 えど
15 こんちゅう
16 ふぞく
17 そうすい
18 せっとう
19 ちかく
20 けいこく
21 せんたくし
22 きゅうくつ

23 **閣僚**会議でも結論が出ていない。
24 負債を**償却**することができた。
25 煙が**充満**して前が見えない。
26 被害者の**追悼**式典に臨席する。
27 **顕著**な例として提示する。
28 内閣総理大臣は**罷免**権を有する。
29 **推薦**図書として生徒に紹介する。
30 資金集めに**奔走**する。
31 学内の**派閥**争いに巻き込まれる。
32 念願の**遍路**の旅に出る。
33 毎日、**愉快**に過ごしたいと思う。
34 **模擬**店の売り上げを寄付する。
35 **累積**赤字の対応を検討する。
36 土手で**蛇**が体をくねらせている。

37 **心地**よい秋風に吹かれている。
38 古くなった**塀**を修理する。
39 **謹**んでお慶《よろこ》び申し上げます。
40 体調が悪く医者に**診**てもらう。
41 首が**据**わっていない赤ん坊。
42 **鋼**の加工を研究する。
43 規則を**犯**したことを反省しろ。
44 **霜**が白く野原を覆う。
45 **梅雨**が明け、夏空がまぶしい。
46 **窯**で焼いた陶器が売り出される。
47 靴についた**泥**を落としなさい。
48 ご活躍を、**併**せてご多幸を祈る。
49 彼の文章表現は**軟**らかい。
50 台風の襲来で**被**った害は甚大だ。

---

23 かくりょう
24 しょうきゃく
25 じゅうまん
26 ついとう
27 けんちょ
28 ひめん
29 すいせん
30 ほんそう
31 はばつ
32 へんろ
33 ゆかい
34 もぎ
35 るいせき
36 へび

37 ここち
38 へい
39 つつし
40 み
41 す
42 はがね
43 おか
44 しも
45 つゆ
46 かま
47 どろ
48 あわ
49 やわ
50 こうむ

第8日(2)

同音・同訓異字、誤字訂正

時間20分
合格20
得点
1回目 /28
2回目 /28

● 次の——線のカタカナを漢字に直せ。

1 食べ物の栄養ソを調べる。
2 判決を不服として控ソする。
3 ラジオ体ソウを毎日続ける。
4 天地ソウ造の神々。
5 彼はチームでは代タイ要員だ。
6 郊外の賃タイ住宅に住んでいる。
7 若い頃《ころ》から管理職にツく。
8 ようやく目的地にツいた。
9 トウ明な器に料理を盛る。
10 試験をしてトウ達度を見る。
11 ハク情なことを言うなよ。
12 俳優のハク真の演技に感動する。
13 自ゼンが猛威を振るうことがある。
14 雨漏りを修ゼンする。
15 果物がイタんでしまった。
16 ずきずきと虫歯がイタむ。

解答

1 素
2 訴
3 操
4 創
5 替
6 貸
7 就
8 着
9 透
10 到
11 薄
12 迫
13 然
14 繕
15 傷
16 痛

● 次の各文にまちがって使われている同じ読みの漢字が一字ある。上に誤字を、下に正しい漢字を記せ。

1 祭礼で偉勢のいい男たちが山車《だし》を引き出し、町中を駆け回っている。

2 大雨洪水警報発令の直後、普段は穏やかな川の土手が決解した。

3 恋心を抱いた人の勧心を得ようと試みたが、素振りに何の変化もない。

4 君の着想は面白いが、現実放れしていて賛同を得られるか疑問だ。

5 条約の締結に攻議する集会に、主催者の予想を超える人が参集した。

6 提案は委任状を含めて、賛成が過半数を締めないと可決されない。

7 会社の経営基盤を固めるために資本を増植する必要に迫られた。

8 工場の廃液が河川を汚洗しないよう、浄化処理が施されている。

9 戦前は言論が断圧され、出版物の検閲により廃刊にもなった。

10 自らの思想に傾到する人々を集めて、宗教色の強い団体を組織した。

11 運般業を営む父は、燃料費の値上げで厳しい経営状態に陥っている。

12 あの政治家は優弁で、有権者から高い支持を受けて当選を果たした。

解答

1 偉・威　2 解・壊　3 勧・歓　4 放・離　5 攻・抗　6 締・占

7 植・殖　8 洗・染　9 断・弾　10 到・倒　11 般・搬　12 優・雄

第8日 (3)

書き取り

時間 20分
合格 35

得点
1回目 /50
2回目 /50

● 次の——線のカタカナを漢字に直せ。

1 この料理はお気にメしましたか。
2 健康をイジするために運動する。
3 原料を外国にイソンする。
4 部隊をエンゴする人を派遣する。
5 三年間無欠席によるカイキン賞。
6 二人の見解がやっとガッチした。
7 祖父はカンヌシである。
8 女優としてキャッコウをあびる。
9 かけられたギワクを晴らす。
10 伝統的な祭りをケイショウする。
11 諸君のケントウを心から祈る。
12 世界のコウキュウ平和を願う。
13 彼はコガラだがスポーツ万能だ。
14 入社試験の前にサンパツをした。
15 被疑者をシャクホウせよ。
16 松やには天然ジュシの一つだ。
17 火事で我が家がショウシツした。
18 彼はシンライのおける人物だ。
19 センザイを使って制服をあらう。
20 それは根拠のないゾクセツだ。
21 タンレイな顔立ちをした少女だ。
22 発言はツウレツな批判を受けた。

解答

1 召
2 維持
3 依存
4 援護
5 皆勤
6 合致
7 神主
8 脚光
9 疑惑
10 継承
11 健闘
12 恒久
13 小柄
14 散髪
15 釈放
16 樹脂
17 焼失
18 信頼
19 洗剤
20 俗説
21 端麗
22 痛烈

23 名人の域にはトウタツしない。
24 果汁をノウシュクする。
25 彼は守備ハンイの広い選手だ。
26 直射日光でヒフが赤くなった。
27 与党のハバツ争いが続いている。
28 隣国との条約をヒジュンする。
29 踏切りのシャダン機が下りる。
30 コウテイ的に物事を見る。
31 これはヨウトの広い製品です。
32 レイタンな態度で追い返された。
33 バラのアザやかな赤が好きだ。
34 少年よ、大志をイダけ。
35 ウイスキーを水でウスめて飲む。
36 領海をオカす船に攻撃を加えた。

37 物語の意外な結末にオドロいた。
38 勝利を収め、有終の美をカザる。
39 鎌《かま》を使って庭の雑草をカった。
40 たき火の風下にいるとケムたい。
41 大声でサケんで助けを求めた。
42 父は増えてきたシラガを嘆く。
43 目をソムけたくなるような光景。
44 タミの声に耳を傾ける王様。
45 ツバサを広げて飛ぶ白鳥の姿。
46 帽子をナナめにかぶった少年。
47 夜は蒸し暑くてネアセをかく。
48 ハバトびの日本記録を出す。
49 申請の手続きがワズラわしい。
50 この町はハモノの生産が盛んだ。

23 到達
24 濃縮
25 範囲
26 皮膚
27 派閥
28 批准
29 遮断
30 肯定
31 用途
32 冷淡
33 鮮
34 抱
35 薄
36 侵
37 驚
38 飾
39 刈
40 煙
41 叫
42 白髪
43 背
44 民
45 翼
46 斜
47 寝汗
48 幅跳
49 煩
50 刃物

第9日（1） 読み

時間15分　合格35

得点　1回目　/50　2回目　/50

● 次の――線の読みをひらがなで記せ。

1 彼の偉業が認められ表彰された。
2 事故の後、賠償問題で悩む。
3 保護者会の慶弔規定に従う。
4 この争いは将来に禍根を残す。
5 怠惰な生活はもうやめにしよう。
6 突然の問いかけで返答に窮する。
7 水槽に金魚を入れて世話をする。
8 我が家も跡取りができて安泰だ。
9 収賄の容疑で逮捕される。
10 彼は天涯孤独の身の上だ。
11 上弦の月を観賞する。
12 ばい菌が入って炎症を起こす。
13 彼は凡庸な人物だと評された。
14 この企画はおそらく弊害を伴う。
15 植物の地下茎を観察する。
16 彼を委員長に推薦した。
17 不祥事が露見し減俸処分となる。
18 よく肥えた土壌に苗を植える。
19 人間の寿命がどんどん延びる。
20 頒価で売買された商品。
21 時宜を得た決断だと賞賛する。
22 叙景詩から知らぬ地を想像する。

解答

1 ひょうしょう
2 ばいしょう
3 けいちょう
4 かこん
5 たいだ
6 きゅう
7 すいそう
8 あんたい
9 しゅうわい
10 てんがい
11 じょうげん
12 えんしょう
13 ぼんよう
14 へいがい
15 ちかけい
16 すいせん
17 げんぽう
18 どじょう
19 じゅみょう
20 はんか
21 じぎ
22 じょけい

23 これだけ頑丈なら大丈夫だろう。
24 私は毎月この本を購読している。
25 情状酌量の判決が下る。
26 毎日享楽的な生活を送っている。
27 壮大な構想にだれもが賛成した。
28 あの男は懲役三年の刑に服した。
29 非行少年が警官に説諭される。
30 水の沸点は百度である。
31 喪中のため新年の挨拶《あいさつ》を控える。
32 ウイルスの防疫対策を整える。
33 企業との癒着が疑われる。
34 彼の兄は冷徹な頭脳の持ち主だ。
35 綿と麻の混紡のシャツを着る。
36 今日の献立は姉が用意する。

37 地盤が緩み、崖《がけ》崩れの虞がある。
38 この交差点に一里塚がある。
39 この建築物は美観を損なう。
40 泥縄式の勉強では効果がない。
41 台風で屋根が傷んだ。
42 河原を飛び交う蛍が光を放つ。
43 母の作ったみそ汁は絶品だ。
44 サンダル履きで館内を歩くな。
45 殻を割ってヒヨコが生まれる。
46 琴の音が響く和室で茶を飲む。
47 棟上げの儀式に立ち会う。
48 そんな大声で話すと筒抜けだ。
49 ずいぶん寒さも和らいできた。
50 名残雪がちらちら舞っている。

23 がんじょう
24 こうどく
25 しゃくりょう
26 きょうらく
27 そうだい
28 ちょうえき
29 せつゆ
30 ふってん
31 もちゅう
32 ぼうえき
33 ゆちゃく
34 れいてつ
35 こんぼう
36 こんだて

37 おそれ
38 づか
39 そこ
40 どろなわ
41 いた
42 ほたる
43 しる
44 ば
45 から
46 こと
47 むねあ
48 つつぬ
49 やわ
50 なごり

第9日 (2)

四字熟語

時間20分
合格24

得点
1回目 /33
2回目 /33

● 次の四字熟語について、問1と問2に答えよ。

問1 後の□内のひらがなを漢字にして1～10に入れ、四字熟語を完成せよ。□内のひらがなは一度だけ使うこと。

ア 暗雲低 1
イ 一汁一 2
ウ 栄枯 3 衰
エ 温 4 篤実
オ 5 想天外
カ 旧 6 依然
キ 言行一 7
ク 巧遅拙 8
ケ 鼓舞 9 励
コ 10 実剛健

き・げき・こう
さい・しつ・せい
そく・たい・ち
めい

問2 次の11～15の意味にあてはまるものを問1のア～コの四字熟語から一つ選び、記号で答えよ。

11 人の世の変転の激しいさま。
12 少しも新しい展開がないこと。
13 真面目でたくましいこと。
14 粗末な食事のこと。
15 普通の人が思いもつかない考え。

解答

問1
1 迷
2 菜
3 盛
4 厚
5 奇
6 態
7 致
8 速
9 激
10 質

問2
11 ウ
12 カ
13 コ
14 イ
15 オ

● 次の四字熟語について、問1と問2に答えよ。

問1 後の□内のひらがなを漢字にして1～12に入れ、四字熟語を完成せよ。□内のひらがなは一度だけ使うこと。

□ ア 新進気 1
□ イ 勢力伯 2
□ ウ 天 3 無縫
□ エ 4 志弱行
□ オ 物情 5 然
□ カ 妙計 6 策
□ キ 勇 7 果敢
□ ク 8 忍自重
□ ケ 安寧秩 9
□ コ 一網打 10
□ サ 起死 11 生
□ シ 同 12 異夢

い・いん・えい
かい・き・しょう
じょ・じん・そう
ちゅう・はく
もう

問2 次の13～18の意味にあてはまるものを問1のア～シの四字熟語から一つ選び、記号で答えよ。

□ 13 自然で飾り気がないさま。
□ 14 巧みで風変わりなはかりごと。
□ 15 我慢して軽々しくしないこと。
□ 16 物事をともにしながら考えが違うこと。
□ 17 世間の様子が乱れて不穏なさま。
□ 18 一味の者を一度に捕らえること。

解答

問1
1 鋭
2 仲
3 衣
4 薄
5 騒
6 奇
7 猛
8 隠
9 序
10 尽
11 回
12 床

問2
13 ウ
14 カ
15 ク
16 シ
17 オ
18 コ

第9日(3)

書き取り

時間20分 合格35

得点 1回目 /50 2回目 /50

● 次の――線のカタカナを漢字に直せ。

1 発芽後にメバナがふくらむ。
2 交通違反でバッソクを科される。
3 イリョウ技術は急速に進歩する。
4 ベンチ前でエンジンを組む。
5 老人カイゴをする施設が必要だ。
6 ついにカトキの混乱から脱した。
7 カンパイの音頭をとる。
8 キバツな服装をして人を驚かす。
9 学校内は全面キンエンです。
10 何者かが侵入したケイセキ。
11 明日、ケンドウの大会が始まる。
12 敵のコウゲキにより破壊された。
13 少し表現をコチョウしてもよい。
14 サンパツ四安打に終わった試合。
15 不要な記述にはシャセンを引く。
16 新しい商談のシュビは上々だ。
17 五月ジョウジュンに開催する。
18 町の復興にジンリョクした人物。
19 国宝展のハイカン料を払う。
20 北海道でタイカン訓練がある。
21 雪のために列車がチエンした。
22 無駄なテイコウをするな。

解答

1 雌花 2 罰則 3 医療 4 円陣 5 介護 6 過渡期 7 乾杯 8 奇抜 9 禁煙 10 形跡 11 剣道
12 攻撃 13 誇張 14 散発 15 斜線 16 首尾 17 上旬 18 尽力 19 拝観 20 耐寒 21 遅延 22 抵抗

23 トウトツな申し出で応《こた》えにくい。
24 優れた人材をハイシュツする。
25 町のハンエイを目指す取り組み。
26 頬《ほお》をなでるビフウが心地よい。
27 新商品の宣伝にホンソウする。
28 久しぶりのセンタク日和だ。
29 玄関にショウゾウ画を飾る。
30 ザゼンを組んで無心になる。
31 社会をフウシした小説が売れる。
32 話を聞いてレッカのごとく怒る。
33 同じところでアシブみしている。
34 遠い故郷に思いをイタす。
35 彼女はエガオが美しい女性だ。
36 日本海のはるかオキに浮かぶ島。

37 オニの姿をした人が家々を回る。
38 カタクルしい挨拶《あいさつ》はいらないよ。
39 水が足りなくて木がカれた。
40 野生の動物が通るケモノミチ。
41 課題の解決はサけて通れない。
42 窓ガラスをスかして外を見る。
43 長い冬の寒さに今年もタえた。
44 辞書をタヨりに英語の本を読む。
45 配水管がツまって水があふれる。
46 ナマリ色の空から雨がこぼれる。
47 朝からネムくて仕方がない。
48 ハマベでバレーボールをする。
49 ミサキの先端に灯台が見える。
50 彼の態度にイヤケがさした。

23 唐突 24 輩出 25 繁栄 26 微風 27 奔走 28 洗濯 29 肖像 30 座禅 31 風刺 32 烈火 33 足踏 34 致 35 笑顔 36 沖

37 鬼 38 堅苦 39 枯 40 獣道 41 避 42 透 43 耐 44 頼 45 詰 46 鉛 47 眠 48 浜辺 49 岬 50 嫌気

第10日 (1)

読み

時間 15分
合格 35

得点
1回目 /50
2回目 /50

● 次の――線の読みをひらがなで記せ。

1 とうとう奔流に押し流された。
2 排水溝が詰まって水が流れない。
3 彼は技術部門を統括している。
4 王侯貴族のような生活は嫌だ。
5 職務怠慢との指摘を受ける。
6 平安遷都千年を祝う行事が続く。
7 先祖の系譜をたどって調べる。
8 港に停泊中の艦船を見学する。
9 彼は硬軟両様の構えで対応する。
10 社会の安寧を乱す行為だ。
11 儒学の教えを忠実に守る。
12 やかんの水が沸騰する。
13 昨夜、私の伯父が急逝した。
14 大地震の災禍に見舞われた。
15 映画の感動の余韻に浸る。
16 煩雑な業務を何とかやり遂げた。
17 城は焼失をまぬかれたようだ。
18 少し自信過剰なところがある。
19 夢中になり、忘我の境に入る。
20 この論文を逐語訳して勉強しろ。
21 歯磨き粉に研磨剤が入っている。
22 一室にこもって思索にふける。

解答

1 ほんりゅう
2 はいすいこう
3 とうかつ
4 おうこう
5 たいまん
6 せんと
7 けいふ
8 かんせん
9 こうなん
10 あんねい
11 じゅがく
12 ふっとう
13 きゅうせい
14 さいか
15 よいん
16 はんざつ
17 しょうしつ
18 かじょう
19 ぼうが
20 ちくごやく
21 けんま
22 しさく

23 懲戒免職の不服申し立てをする。
24 嫌なら拒否すればいいんだよ。
25 書斎で読書をするのが趣味だ。
26 雅楽の荘重な調べが宮殿に響く。
27 遮光機能の高いカーテンだ。
28 この栓を抜くと水浸しになる。
29 市内循環バスで図書館に行く。
30 その活動は定款に反する。
31 かわいい絵柄の水筒を購入する。
32 妹は小児病棟に入院している。
33 平衡感覚がどうも鈍くなった。
34 議論が紛糾し怒号が飛び交う。
35 厄介な話になったものだ。
36 登山隊が雪崩にあった。

37 お父さんには内緒の話だよ。
38 私の証言にはうそ偽りはない。
39 食卓に出された酢の物を食べる。
40 彼の機嫌を損ねてしまった。
41 ここ数日穏やかな天気が続く。
42 五月雨の降る季節になった。
43 地震の後の津波に警戒しなさい。
44 終電に辛うじて間に合った。
45 歯茎が痛むので、受診した。
46 中州に残された人々を救出する。
47 殊更問題にするほどではない。
48 めらめらと燃える炎を見つめる。
49 水槽に藻を入れて金魚を飼う。
50 天女の羽衣伝説が残る土地。

23 ちょうかい
24 きょひ
25 しょさい
26 そうちょう
27 しゃこう
28 せん
29 じゅんかん
30 ていかん
31 すいとう
32 びょうとう
33 へいこう
34 どごう
35 やっかい
36 なだれ

37 ないしょ
38 いつわ
39 す
40 そこ
41 おだ
42 さみだれ
43 つなみ
44 かろ
45 はぐき
46 なかす
47 ことさら
48 ほのお
49 も
50 はごろも

第10日 (2)

部首、対義語・類義語

時間 20分
合格 31

得点
1回目 /44
2回目 /44

● 次の漢字の部首を記せ。

〈例〉菜 [艹]　間 [門]

1 窯
2 且
3 寧
4 韻
5 賜
6 殉
7 缶
8 衡
9 囚
10 季
11 彰
12 升
13 畝
14 喝
15 歳
16 膨
17 釈
18 帥
19 煩
20 髄
21 臭
22 督
23 夢
24 殻

解答

1 穴
2 一
3 宀
4 音
5 貝
6 歹
7 缶
8 行
9 囗
10 子
11 彡
12 十
13 田
14 口
15 止
16 月
17 釆
18 巾
19 火
20 骨
21 自
22 目
23 夕
24 殳

●次の1～10の対義語、11～20の類義語を下の□の中から選び、漢字で記せ。□の中の語は一度だけ使うこと。

対義語

1 概要
2 凝縮
3 謙虚
4 削除
5 醜悪
6 冗漫
7 怠惰
8 陳腐
9 秘匿
10 幼稚

類義語

11 看護
12 駆逐
13 肯定
14 庶民
15 措置
16 妥当
17 不審
18 無窮
19 顕著
20 落胆

えいえん・かいほう
かくさん・かんけつ
ぎわく・きんべん
こうまん・しつい
しょうさい・しょり
しんせん・ぜにん
たいしゅう・ついほう
てきせつ・てんか
ばくろ・びれい
れきぜん・ろうれん

解答

1 詳細
2 拡散
3 高慢
4 添加
5 美麗
6 簡潔
7 勤勉
8 新鮮
9 暴露
10 老練
11 介抱
12 追放
13 是認
14 大衆
15 処理
16 適切
17 疑惑
18 永遠
19 歴然
20 失意

第10日(3)　書き取り

時間20分　合格35

得点　1回目　／50　2回目　／50

● 次の——線のカタカナを漢字に直せ。

1 モッパら野菜作りをしている。
2 政治はイセイ者によって変わる。
3 書類にはインカンを押すこと。
4 海外エンセイから帰ってきた。
5 会社からカイコク処分を受ける。
6 カノジョは運動も勉強もできる。
7 鉄分のガンユウ量の多い食物。
8 母のキュウセイは鈴木という。
9 手紙でキンキョウを知らせる。
10 ケイゾクは力なりと言われる。
11 ケントウシが文化を持ち帰る。
12 男女コウゴになり一列に並ぶ。
13 心臓のコドウが聞こえてくる。
14 注意力がサンマンになっている。
15 祖母はシャミセンの師匠だ。
16 卒業証書をジュヨいたします。
17 ハトは平和のショウチョウだ。
18 結婚式でシンロウに花束を渡す。
19 センパン申し上げた件ですが。
20 敵が徐々にタイキャクし始めた。
21 先生のオンギに報いる。
22 港にテイハク中の豪華客船。

解答

1 専
2 為政
3 印鑑
4 遠征
5 戒告
6 彼女
7 含有
8 旧姓
9 近況
10 継続
11 遣唐使
12 交互
13 鼓動
14 散漫
15 三味線
16 授与
17 象徴
18 新郎
19 先般
20 退却
21 恩義
22 停泊

23 難題からトウヒしてはいけない。
24 いかにもハイリョに欠ける処置。
25 多くの視聴者からのハンキョウ。
26 ヒボンな才能を持った映画監督。
27 大企業によるカセンが問題になる。
28 キョウサも犯罪になることがある。
29 友人にアイトウの意を表する。
30 乾布マサツは健康にいいそうだ。
31 ヨギ無い事情があり欠席します。
32 レットウ感をバネに努力した。
33 運動した後はアセを十分にふく。
34 ようやく富士山の頂上にイタる。
35 ウデマエの確かな料理人の仕事。
36 心のオクの悲しみは取り除けぬ。

37 冬枯れの景色もオモムキがある。
38 水泳選手はカタハバが広い。
39 室内で洗濯物をカワかしている。
40 コい紫のドレスを着て出かけた。
41 スズメバチにサされそうになる。
42 クラブ加入をススめられる。
43 弟はいつも計画ダオれだ。
44 実力のチガいがはっきりする。
45 朝から新茶をツむ仕事をする。
46 本を読んでナミダが止まらない。
47 難をノガれて隣国にたどり着く。
48 ここの代金は私がハラいます。
49 春眠アカツキを覚えず。
50 これは聞くにタえない話だ。

---

23 逃避
24 配慮
25 反響
26 非凡
27 寡占
28 教唆
29 哀悼
30 摩擦
31 余儀
32 劣等
33 汗
34 至
35 腕前
36 奥

37 趣
38 肩幅
39 乾
40 濃
41 刺
42 勧
43 倒
44 違
45 摘
46 涙
47 逃
48 払
49 暁
50 堪

第11日 (1)

読み

時間 15分 合格 35

得点 1回目 /50 2回目 /50

● 次の——線の読みをひらがなで記せ。

1 予鈴が鳴ったので教室に入る。
2 金額の多寡については問わない。
3 父は晩酌を楽しみにしている。
4 彼は世界一の俊足だ。
5 英雄が登場する叙事詩を読む。
6 開会式で記念品を贈呈する。
7 まれに見る傑作が出来上がった。
8 事故で遮断機が下りたままだ。
9 繊維の性質に注意して洗濯する。
10 警官が犯人に威嚇射撃する。
11 友人代表で弔辞を述べる。
12 保険証書の約款を確かめる。
13 祖父は乾布摩擦で体を鍛える。
14 細菌を培養して研究する。
15 多くの考えを包括する。
16 直線と弧線を組み合わせた模様。
17 相手の態度が急に軟化した。
18 広告媒体として新聞を活用する。
19 レンズの凹凸を使って実験する。
20 窮地に追い込まれた友を助ける。
21 この原理の普遍性を証明しよう。
22 稲の収穫量が逓減する。

解答

1 よれい
2 たか
3 ばんしゃく
4 しゅんそく
5 じょじ
6 ぞうてい
7 けっさく
8 しゃだん
9 せんい
10 いかく
11 ちょうじ
12 やっかん
13 まさつ
14 さいきん
15 ほうかつ
16 こせん
17 なんか
18 ばいたい
19 おうとつ
20 きゅうち
21 ふへん
22 ていげん

23 寛大な処置に感謝している。
24 兄は船舶免許を取得している。
25 広漠とした草原が続く。
26 祖父は漢詩を吟詠する。
27 私は与謝野晶子《よさのあきこ》に私淑している。
28 彼は皆が認める豪傑だ。
29 風邪によく似た症状が現れる。
30 睡魔と闘いながら勉強する。
31 儒教は孔子《こうし》を祖とした教えだ。
32 この辺りの地価は騰貴している。
33 先生に逐次報告することにした。
34 新郎新婦が披露される。
35 弊社の新商品をご覧ください。
36 老翁としての風格が備わる。
37 山頂から遠く淡路島《あわじしま》を眺める。
38 聞くに堪えない悪口が出た。
39 本社は最新機器を据えている。
40 難しい技に挑む勇気を讃《たた》えたい。
41 坪庭ではサザンカが咲き始めた。
42 激しい運動でのどが渇く。
43 彼は今ジレンマに陥っている。
44 訪問先では履物をそろえよう。
45 彼はその要求を拒むであろう。
46 叱《しか》るより褒めよ。
47 芝生の上で弁当を広げて食べる。
48 喪が明けたら旅行にでも行こう。
49 彫刻刀の刃先に気を付けよ。
50 春の宵の桜見物に出かけよう。

---

23 かんだい
24 せんぱく
25 こうばく
26 ぎんえい
27 ししゅく
28 ごうけつ
29 しょうじょう
30 すいま
31 じゅきょう
32 とうき
33 ちくじ
34 ひろう
35 へいしゃ
36 ろうおう
37 なが
38 た
39 す
40 いど
41 つぼにわ
42 かわ
43 おちい
44 はきもの
45 こば
46 ほ
47 しばふ
48 も
49 はさき
50 よい

第11日 (2)

熟語の構成、漢字と送りがな

時間 20分
合格 28
得点
1回目 /40
2回目 /40

● 熟語の構成のしかたには次のようなものがある。

ア 同じような意味の漢字を重ねたもの （岩石）
イ 反対または対応の意味を表す字を重ねたもの （高低）
ウ 上の字が下の字を修飾しているもの （洋画）
エ 下の字が上の字の目的語・補語になっているもの （着席）
オ 上の字が下の字の意味を打ち消しているもの （非常）

次の熟語は右のア～オのどれにあたるか、一つ選び、記号で答えよ。

1 濫獲
2 媒体
3 無類
4 緩急
5 陥没

6 急逝
7 叙勲
8 親疎
9 覇気
10 珠玉

11 未遂
12 漆黒
13 巧拙
14 殉職
15 罷業

解答
1 ウ　2 ウ　3 オ　4 イ　5 ア　6 ウ　7 エ　8 イ　9 ウ　10 ア　11 オ　12 ウ　13 イ　14 エ　15 エ

● 次の――線のカタカナを漢字一字と送りがな(ひらがな)に直せ。

〈例〉 問題にコタエル。 答える

1 優勝のゆくえをウラナウ試合だ。
2 草原をカケル馬に乗りたい。
3 洗濯物をカワカシている。
4 庭にある老木がクチル。
5 損害をコウムルのは私だ。
6 政治家をココロザシて上京した。
7 指先にとげがササルと痛い。
8 作品にはサワラないでください。
9 スケルような白い肌の人だ。
10 車と車の間隔をセバメル。
11 彼が味方につくとはタノモシイ。
12 歌謡曲は大衆の心をツカマエル。
13 ヨットをトメル港が欲しい。
14 ナヤマシイ日々を送った。
15 走っていたら靴がヌゲタ。
16 初対面で会話がハズマない。
17 しばらく水にヒタスとよい。
18 人をマドワスことを言うな。
19 湖に影をヤドス。
20 ココロヨク面会してくれた。
21 惨状に思わず目をソムケル。
22 アザヤカナ包丁さばきだ。
23 巧みに人形をアヤツル人。
24 ご注文をウケタマワリます。
25 山一面の柿《かき》の実がウレル。

解答

1 占う
2 駆ける
3 乾かし
4 朽ちる
5 被る
6 志し
7 刺さる
8 触ら
9 透ける
10 狭める
11 頼もしい
12 捕まえる
13 泊める
14 悩ましい
15 脱げた
16 弾ま
17 浸す
18 惑わす
19 宿す
20 快く
21 背ける
22 鮮やかな
23 操る
24 承り
25 熟れる

第11日 (3)

書き取り

時間 20分 合格 35

得点 1回目 /50 2回目 /50

● 次の――線のカタカナを漢字に直せ。

1 やわらかいモノゴシの上品な人。
2 イゼンとして不景気な状況。
3 なんとなくインキな感じの人だ。
4 多くのエントツが並ぶ工業地帯。
5 車いすに乗った人のカイジョ。
6 花粉にカビンに反応する。
7 退職してカンルイにむせぶ。
8 ここは壮大なキュウデン跡だ。
9 クウシュウで焼失した城の再建。
10 師としてケイトウしてきた人。
11 ようやく合格ケンナイに入った。
12 コメツブほどの小さな昆虫。
13 政治的シキサイの強い発言だ。
14 山のシャメンを転がり落ちる。
15 ジュヨウと供給のバランス。
16 もう少しシリョ深くなりなさい。
17 スイソウ楽団の一員となる。
18 ゼンプクの信頼を寄せている。
19 学級タイコウリレーの選手。
20 チコクが多いと注意される。
21 夕暮れのテイボウを歩く二人。
22 幼稚園児たちがドウヨウを歌う。

解答

1 物腰　2 依然　3 陰気　4 煙突　5 介助　6 過敏　7 感涙　8 宮殿　9 空襲　10 傾倒　11 圏内
12 米粒　13 色彩　14 斜面　15 需要　16 思慮　17 吹奏　18 全幅　19 対抗　20 遅刻　21 堤防　22 童謡

23 ハクガイを受け続けた少数民族。
24 台風で海はイカり狂っている。
25 合格できるかどうかビミョウだ。
26 役者として初めてブタイに立つ。
27 ユウカイ事件が解決した。
28 火事で消防士がジュンシした。
29 平安時代にはショウエンがあった。
30 初めて高級リョウテイに行った。
31 友達の間でレンサ反応が起こる。
32 アタえられた仕事を確実にやる。
33 日一日と寒さがヤワらいでくる。
34 友人がエガいた漁村の風景。
35 卒業する先輩に花束をオクった。
36 三時間にもオヨぶ討論会。
37 地震で多くの家がカタムいた。
38 キタナいメモ書きを清書する。
39 先輩に淡いコイゴコロを抱く。
40 サトイモの葉は水をはじく。
41 スドまりのお客さん大歓迎です。
42 二人はタガいの夢を語り合った。
43 夏も近づきチャツみの季節だ。
44 ガラス瓶に梅干しをツめた。
45 クノウで顔をゆがめる。
46 ノキシタにツバメが巣を作った。
47 オーケストラでチェロをヒく。
48 それは核心にフれる発言だった。
49 ネコが縁側で寝転んでいる。
50 この先にホラアナがある。

23 迫害
24 怒
25 微妙
26 舞台
27 誘拐
28 殉死
29 荘園
30 料亭
31 連鎖
32 与
33 和
34 描
35 贈
36 及
37 傾
38 汚
39 恋心
40 里芋
41 素泊
42 互
43 茶摘
44 詰
45 苦悩
46 軒下
47 弾
48 触
49 猫
50 洞穴

第12日 (1)

読み

時間 15分　合格 35

得点　1回目　/50　2回目　/50

● 次の——線の読みをひらがなで記せ。

1 苦手なことにも挑戦しよう。
2 富裕層が購入する商品が並ぶ。
3 病原菌を培養して研究する。
4 王妃は私を城内に招き入れた。
5 この頃《ごろ》姉は化粧をして出かける。
6 教室に暖かい空気が醸成される。
7 父は少年野球の監督をしている。
8 珠玉の短編だとほめたたえる。
9 ありのままに叙述するとよい。
10 国土の一部を割譲する。
11 海水浴で甲羅干しをする。
12 彼は今麻酔から覚めたところだ。
13 この事件で警官が殉職した。
14 崇高な精神が貫かれている。
15 レポートにグラフを挿入する。
16 この度の受賞ご同慶の至りです。
17 父は床屋を営んでいる。
18 話し合いの妥協点を見いだそう。
19 こんな事件が起きて遺憾に思う。
20 私の兄は私塾を経営している。
21 柿本人麻呂《かきのもとのひとまろ》は宮廷歌人だった。
22 稚拙な文章をわびる。

解答

1 ちょうせん
2 ふゆう
3 ばいよう
4 おうひ
5 けしょう
6 じょうせい
7 かんとく
8 しゅぎょく
9 じょじゅつ
10 かつじょう
11 こうら
12 ますい
13 じゅんしょく
14 すうこう
15 そうにゅう
16 どうけい
17 とこや
18 だきょう
19 いかん
20 しじゅく
21 きゅうてい
22 ちせつ

23 先輩と別れるのは嫌だ。
24 彼の活躍で均衡が破られた。
25 若干名の社員が採用された。
26 国家の宰相として演説する。
27 社会に貢献する大人になりたい。
28 敵の様子を偵察する。
29 進学と同時に入寮した。
30 優しい旋律にうっとりする。
31 試験での頻出漢字を練習する。
32 無事に大役を果たし報酬を得る。
33 私と彼女との間に溝ができた。
34 彼の商売はよく繁盛している。
35 酪農を営む父はチーズも作る。
36 野暮なことは言わないように。

37 悪事が露見して警察に捕まる。
38 優勝が決まり観客が沸いた。
39 何があっても殴ってはいけない。
40 休日は専ら家にいるつもりだ。
41 但し、締め切りは今日の五時だ。
42 蛇口にホースを取りつける。
43 美しい花園を訪れる。
44 このくらいの失敗では懲りない。
45 彼女は祖母の面影を残している。
46 村はずれの一本杉まで競走した。
47 クリップで紙を挟んでください。
48 木の洞にすむ動物を観察する。
49 父は釣りが趣味だ。
50 二十歳の誕生日を家族で祝う。

23 いや
24 きんこう
25 じゃっかん
26 さいしょう
27 こうけん
28 ていさつ
29 にゅうりょう
30 せんりつ
31 ひんしゅつ
32 ほうしゅう
33 みぞ
34 はんじょう
35 らくのう
36 やぼ

37 ろけん
38 わ
39 なぐ
40 もっぱ
41 ただ
42 じゃぐち
43 はなぞの
44 こ
45 おもかげ
46 すぎ
47 はさ
48 ほら
49 つ
50 はたち（にじっさい）

第12日（2）

同音・同訓異字、誤字訂正

時間20分 合格20

得点 1回目 /28 2回目 /28

● 次の――線のカタカナを漢字に直せ。

1 車がヘイ行して走っている。

2 代表者がヘイ会の言葉を述べる。

3 世界でも有名なボウ険家だ。

4 ボウ子を取ってあいさつする。

5 モウ獣を放し飼いにしている。

6 漁モウを修理する。

7 主君の敵をウって無念を晴らす。

8 季節の野菜をウって生計を立てる。

9 新学期に部員の勧ユウをする。

10 念願のユウ勝を果たす。

11 無駄なテイ抗はよせ。

12 テイ正箇所を確認する。

13 人前に出てキン張する。

14 キン務態度を評価する。

15 ミステリーを読むのがスきだ。

16 これで今日の用事はスんだ。

解答

1 並 2 閉 3 冒 4 帽 5 猛 6 網 7 討 8 売

9 誘 10 優 11 抵 12 訂 13 緊 14 勤 15 好 16 済

●次の各文にまちがって使われている同じ読みの漢字が一字ある。上に誤字を、下に正しい漢字を記せ。

1 高齢化する被爆者を縁護救済する法律案が全会一致で可決された。

2 直属部下への監督責任があると判断し課長への介告処分を決定した。

3 歓杯の音頭は、最年長の出席者に依頼しなさいと助言された。

4 資料の根拠が乏しく不備も多いので、今年度の申請は脚下する。

5 国境付近の覇権を巡って両国の功防が繰り広げられている。

6 視外線による皮膚病の危険性が否定できないので、炎天下は注意したい。

7 集中豪雨により堤防が決壊し、床上侵水の被害を受けた家屋が出た。

8 この映画の主演に抜擢された俳優は、若者の人気を独専しつつある。

9 会社設立の趣旨にも合置した企画であるとの評価を受け表彰された。

10 販売前からの宣伝が功を奏し、売り出し直後から予約が殺踏した。

11 残虐な事件の犯人として逮捕された被疑者は黙避を続けている。

12 親戚《せき》縁者が一堂に会し、祖父の還歴のお祝いが盛大に行われた。

解答

1 縁・援
2 介・戒
3 歓・乾
4 脚・却
5 功・攻
6 視・紫
7 侵・浸
8 専・占
9 置・致
10 踏・到
11 避・秘
12 歴・暦

第12日(3)

書き取り

時間20分
合格35

得点
1回目　/50
2回目　/50

● 次の――線のカタカナを漢字に直せ。

1 誕生日プレゼントをワタした。
2 彼はイダイな業績を残してきた。
3 長い間インキョ生活をしている。
4 浴衣《ゆかた》を着てエンニチに出かけた。
5 新しい研究分野をカイタクした。
6 カヨウ曲のレコードが数枚ある。
7 遠い出来事でキオクにない。
8 ロウキュウ化した建物。
9 新技術をクシして製品化した。
10 ケイソツな行動は改めなさい。
11 二校をケンニンして教える。
12 判断したコンキョを示しなさい。
13 夕暮れ時にシグレに見舞われた。
14 参道の玉ジャリを踏みしめる。
15 ジュレイ五百年という縄文杉。
16 我が国の主権がシンガイされた。
17 スンカを惜しんで勉強する。
18 工場のソウオンに悩まされる。
19 左右タイショウの構図になる。
20 相場の失敗がチメイショウだ。
21 赤いテットウの下を走る道路。
22 若者の人気をドクセンしている。

解答

1 渡
2 偉大
3 隠居
4 縁日
5 開拓
6 歌謡
7 記憶
8 老朽
9 駆使
10 軽率
11 兼任
12 根拠
13 時雨
14 砂利
15 樹齢
16 侵害
17 寸暇
18 騒音
19 対称
20 致命傷
21 鉄塔
22 独占

23 バクショウの渦に包まれた教室。
24 明日荷物をハンニュウします。
25 成績がヒヤク的に上がった。
26 フツウ電車に乗って旅をした。
27 今日のチョウカはタイとハマチ。
28 寺の山門からニソウが出てきた。
29 やけどのあとはすっかりチユした。
30 大型のセンパクが停泊している。
31 毎朝新聞のレンサイ小説を読む。
32 新商品のアツカいに注意する。
33 成功を心よりおイノりします。
34 国民に必要性をウッタえた政策。
35 生まれた子猫はオスだった。
36 このボールはよくハズみます。
37 カナアミをのせて焼き肉をする。
38 無用なキヅカいはやめてほしい。
39 健康のため酒をツツシむ。
40 一人暮らしでサビしい毎日だ。
41 心をスまして座禅をくんでいる。
42 タキギ拾いをするため山に入る。
43 重大事件の犯人をツカまえた。
44 北アルプス連峰にあるツルギ岳。
45 鍋の中でおでんがよくニえる。
46 同業者がノキナみ倒産した。
47 しばらく水にヒタした米を炊く。
48 非難のホコサキがこちらに向く。
49 泥棒を捕らえてナワをなう。
50 ここからのナガめは最高だ。

23 爆笑
24 搬入
25 飛躍
26 普通
27 釣果
28 尼僧
29 治癒
30 船舶
31 連載
32 扱
33 祈
34 訴
35 雄
36 弾
37 金網
38 気遣
39 慎
40 寂
41 澄
42 薪
43 捕
44 剣
45 煮
46 軒並
47 浸
48 矛先
49 縄
50 眺

第13日 (1)

読み

時間 15分
合格 35
得点
1回目 /50
2回目 /50

● 次の——線の読みをひらがなで記せ。

1 出題頻度の高い順に漢字を並べる。
2 国の財政が窮迫している。
3 仲間と共に川柳作りに挑戦する。
4 祖父は亭主関白だった。
5 小学校間の合併問題が浮上する。
6 彼は俊傑として一目置かれる。
7 あの店は今営業を自粛している。
8 秀逸な俳句が表彰された。
9 弟はヘチマの栽培をしている。
10 渓流で一休みしたらまた出発だ。
11 庶民的な暮らしが物足りない。
12 私のチームは覇気がない。
13 まだまだ時期尚早の感が強い。
14 秩序のない集団にはしたくない。
15 まるで愁嘆場のような光景だ。
16 国民の英雄として崇拝される。
17 掲載されている挿話が興味深い。
18 本校は質実剛健を校訓とする。
19 情報の内容をよく吟味する。
20 低俗な趣味に堕した番組だ。
21 落石で道路が陥没する。
22 街頭でパンフレットを頒布する。

解答

1 ひんど
2 きゅうはく
3 せんりゅう
4 ていしゅ
5 がっぺい
6 しゅんけつ
7 じしゅく
8 しゅういつ
9 さいばい
10 けいりゅう
11 しょみん
12 はき
13 しょうそう
14 ちつじょ
15 しゅうたんば
16 すうはい
17 そうわ
18 ごうけん
19 ぎんみ
20 だ
21 かんぼつ
22 はんぷ

23 懐中電灯が部屋の一隅を照らす。
24 店の赤字は漸減の傾向にある。
25 みんなで洞穴を探検する。
26 彫塑の作品を出品する。
27 私には扶養家族はいない。
28 荒涼とした冬野をさまよう。
29 拙い私ではございますが。
30 紳士淑女の皆さん、ようこそ。
31 主人に忍従する毎日であった。
32 彼は社会から抹殺された。
33 祖母の病気の平癒を願う。
34 羅針盤で方位を確かめる。
35 誘拐事件が無事解決した。
36 とんでもない事実が露呈した。

37 今日の話の内容を概括しておく。
38 この話はいったん棚上げだ。
39 彼の船は波止場に停泊している。
40 杉並木を進めば、学校に着く。
41 こんな仕掛けでは面白くない。
42 ウールの肌合いが心地よい。
43 冬場は東京へ出稼ぎに行く。
44 飢えに苦しんでいる子どもたち。
45 彼の言葉に周囲が和む。
46 ここからは遮る物が何もない。
47 友人と交わした会話を思い出す。
48 これだけの金で賄ってほしい。
49 温泉が湧いて町が活気づく。
50 彼が戻ったら話をしよう。

23 いちぐう
24 ぜんげん
25 どうけつ (ほらあな)
26 ちょうそ
27 ふよう
28 こうりょう
29 つたな
30 しゅくじょ
31 にんじゅう
32 まっさつ
33 へいゆ
34 らしんばん
35 ゆうかい
36 ろてい

37 がいかつ
38 たなあ
39 はとば
40 すぎなみき
41 おもしろ
42 はだあ
43 でかせ
44 う
45 なご
46 さえぎ
47 か
48 まかな
49 わ
50 もど

第13日 (2)

四字熟語

時間20分 合格24

得点 1回目 /33 2回目 /33

● 次の四字熟語について、問1と問2に答えよ。

問1 後の□内のひらがなを漢字にして1～10に入れ、四字熟語を完成せよ。□内のひらがなは一度だけ使うこと。

ア 暗中[1]索
イ 一[2]百戒
ウ 英俊[3]傑
エ 外[4]内剛
オ 吉[5]禍福
カ 狂喜乱[6]
キ [7]忍不抜
ク 孤軍奮[8]
ケ 孤立無[9]
コ 疾風迅[10]

えん・きょう
けん・ごう
じゅう・とう
ばつ・ぶ・も
らい

問2 次の11～15の意味にあてはまるものを問1のア～コの四字熟語から一つ選び、記号で答えよ。

11 才能が特に優れ、度胸のある人。
12 我慢強く耐え、志を変えないこと。
13 素早く激しいこと。
14 手がかりのない物事を探すこと。
15 一人で克服しようと努力すること。

解答

問1
1 模
2 罰
3 豪
4 柔
5 凶
6 舞
7 堅
8 闘
9 援
10 雷

問2
11 ウ
12 キ
13 コ
14 ア
15 ク

● 次の四字熟語について、問1と問2に答えよ。

問1　後の□内のひらがなを漢字にして1～12に入れ、四字熟語を完成せよ。□内のひらがなは一度だけ使うこと。

ア 心頭滅 1
イ 是非 2 直
ウ 東奔西 3
エ 馬 4 東風
オ 不眠不 5
カ 無 6 自然
キ 悠悠自 7
ク 夏炉冬 8
ケ 意志 9 弱
コ 一触 10 発
サ 11 離滅裂
シ 意味深 12

い・きゃく
きゅう・きょく
し・じ・せん
そう・そく
ちょう・てき
はく

問2　次の13～18の意味にあてはまるものを問1のア～シの四字熟語から一つ選び、記号で答えよ。

13 思いのまま静かに暮らすこと。
14 時期に合わない無用の事物。
15 ばらばらでまとまりがなく，話などの筋が通っていないこと。
16 あちこち忙しく走り回ること。
17 人の意見や批判を聞き流すこと。
18 正しいことと間違ったこと。

解答

問1
1 却
2 曲
3 走
4 耳
5 休
6 為
7 適
8 扇
9 薄
10 即
11 支
12 長

問2
13 キ
14 ク
15 サ
16 ウ
17 エ
18 イ

第13日(3) 書き取り

時間20分 合格35

得点 1回目 /50 2回目 /50

● 次の――線のカタカナを漢字に直せ。

1 泥のヨゴれはどうも落ちにくい。
2 大事業のイチヨクを担ってきた。
3 土砂をウンパンする仕事をする。
4 エンバン投げで新記録を出した。
5 内紛にカイニュウされたくない。
6 カワセ相場は刻一刻と変動する。
7 天満宮《てんまんぐう》で合格をキガンする。
8 心遣いにキョウシュクする。
9 国内でクッシの強豪チームだ。
10 敵をゲキタイして勝利を収めた。
11 毎朝ゲンマイご飯を食べている。
12 式場でコンレイの衣装を借りた。
13 悪事が表面化しシッキャクした。
14 両者のシユウを決する時が来た。
15 観光地のジュンカイバスに乗る。
16 会議でショウサイな報告をする。
17 多くのセイエンを受けて戦った。
18 会場へのソウゲイを行っている。
19 タイテイの人が賛同してくれる。
20 この語にはチュウシャクがいる。
21 山海のチンミがふるまわれる。
22 議場にドゴウが飛び交う。

解答

1 汚
2 一翼
3 運搬
4 円盤
5 介入
6 為替
7 祈願
8 恐縮
9 屈指
10 撃退
11 玄米
12 婚礼
13 失脚
14 雌雄
15 巡回
16 詳細
17 声援
18 送迎
19 大抵
20 注釈
21 珍味
22 怒号

- 23 ハクシンの演技で魅了する。
- 24 電気製品のハンバイをしている。
- 25 簡単に解決してヒョウシ抜けだ。
- 26 政治はフハイしていると思う。
- 27 談合するなんて政治のダラクだ。
- 28 協奏曲のガクフが手に入った。
- 29 彼はユウゼンと構えている。
- 30 江戸時代のソゼイは米であった。
- 31 ロコツに嫌な顔をしてみせた。
- 32 大好きな星ウラナいの本を買う。
- 33 緩めず自らの生活をイマシめる。
- 34 ウスギでは寒いかもしれない。
- 35 例年に比べて開花がオソかった。
- 36 階段のオドり場で話しこむ。
- 37 世間に対してカタミが狭い。
- 38 湖にキリが立ちこめて幻想的だ。
- 39 急な来客のために予定がクルう。
- 40 おいしくてサラに栄養もある。
- 41 彼の指摘はいつもスルドい。
- 42 記憶の糸をタグりよせる。
- 43 伯父をタヨって上京する。
- 44 彼はテガタい商売をしている。
- 45 ニギり飯を持って山に出かけた。
- 46 今月号の記事としてノせる。
- 47 彼は心にヒビく曲を作り続けた。
- 48 世界にホコる文化遺産がある。
- 49 きれいなサシエが印象的な本だ。
- 50 本当にタナからぼたもちだった。

---

23 迫真 24 販売 25 拍子 26 腐敗 27 堕落 28 楽譜 29 悠然 30 租税 31 露骨 32 占 33 戒 34 薄着 35 遅 36 踊

37 肩身 38 霧 39 狂 40 更 41 鋭 42 手繰 43 頼 44 手堅 45 握 46 載 47 響 48 誇 49 挿絵 50 棚

第14日 (1)

読み

● 次の——線の読みをひらがなで記せ。

1 素敵な雰囲気の店で食事したい。
2 彼は高尚な趣味を持っている。
3 祖父は会社で枢要な地位にある。
4 戦後、財閥が解体された。
5 俊敏な身のこなしが彼の自慢だ。
6 感銘を受けた本を紹介する。
7 彼女は繊細な感覚の持ち主だ。
8 彼は自薦して会長候補となった。
9 彼の話が心の琴線に触れる。
10 懐古趣味だと笑われているよ。
11 これは彼の作品に酷似している。
12 贈賄容疑で取り調べを受ける。
13 開門に合わせ長蛇の列ができた。
14 彼の毎日は繁忙を極めている。
15 近年まれに見る傑物だ。
16 祖父は昔、伯爵の地位にあった。
17 祖父の肖像画を居間に飾る。
18 みんなで力を合わせて頑張ろう。
19 核兵器の搭載を禁じる。
20 交通事故が頻発している。
21 窒素とカリウムを配合している。
22 彼女は貞淑な妻を演じている。

時間 15分
合格 35
得点
1回目　/50
2回目　/50

解答

1 ふんいき
2 こうしょう
3 すうよう
4 ざいばつ
5 しゅんびん
6 かんめい
7 せんさい
8 じせん
9 きんせん
10 かいこ
11 こくじ
12 ぞうわい
13 ちょうだ
14 はんぼう
15 けつぶつ
16 はくしゃく
17 しょうぞう
18 がんば
19 とうさい
20 ひんぱつ
21 ちっそ
22 ていしゅく

23 寡聞にして存じません。
24 最近なかなか熟睡できない。
25 総括質問の時間を設定する。
26 災害で生活物資が窮乏する。
27 行きがけの駄賃をねだる。
28 嫌な臭気が鼻をつく。
29 悠久の昔から伝わる慣習だ。
30 妊娠を知り、彼は大喜びだ。
31 彼の話には一抹の不安を覚える。
32 別荘で休暇を過ごす。
33 私の仕事はこの部署の庶務だ。
34 いずれ業界から放逐される。
35 摩耗したタイヤで走行するな。
36 最後に落款を押す。
37 風呂《ふろ》が沸いたことを伝える。
38 生臭い魚の匂《にお》いが充満している。
39 升目のある紙にグラフを描く。
40 お話は承りました。
41 かわいい鈴の音が鳴る。
42 棚田が続く半島を旅行する。
43 警察が行方不明者を捜している。
44 改革のため新党を旗揚げする。
45 小春日和の穏やかな毎日だ。
46 そんな煩わしい問題は避けたい。
47 凸凹道を自転車で進む。
48 皆、ほっとした面持ちで帰った。
49 今度の仕事に助太刀を頼む。
50 最寄りの駅まで出迎えに行く。

---

23 かぶん
24 じゅくすい
25 そうかつ
26 きゅうぼう
27 だちん
28 しゅうき
29 ゆうきゅう
30 にんしん
31 いちまつ
32 べっそう
33 しょむ
34 ほうちく
35 まもう
36 らっかん
37 わ
38 なまぐさ
39 ますめ
40 うけたまわ
41 すず
42 たなだ
43 さが
44 はたあ
45 びより
46 わずら
47 でこぼこ
48 おもも
49 すけだち
50 もよ

第14日 (2)

部首、対義語・類義語

時間 20分　合格 31

得点　1回目 /44　2回目 /44

● 次の漢字の部首を記せ。

〈例〉菜 [艹]　間 [門]

1 羅
2 繭
3 凸
4 鬼
5 初
6 辞
7 幹
8 薦
9 載
10 褒
11 麗
12 遮
13 奨
14 摩
15 虞
16 克
17 敢
18 幣
19 豪
20 叔
21 視
22 閥
23 弔
24 烈

解答

1 罒
2 糸
3 凵
4 鬼
5 刀
6 辛
7 干
8 艹
9 車
10 衣
11 鹿
12 辶
13 大
14 手
15 虍
16 儿
17 攵
18 巾
19 豕
20 又
21 見
22 門
23 弓
24 灬

● 次の1～10の対義語、11～20の類義語を下の□の中から選び、漢字で記せ。□の中の語は一度だけ使うこと。

対義語

1 干渉
2 恭順
3 高尚
4 左遷
5 受理
6 消耗
7 淡泊
8 撤去
9 裕福
10 隆起

類義語

11 干渉
12 慶賀
13 克明
14 辛苦
15 泰然
16 懲戒
17 変遷
18 厄介
19 根底
20 羅列

えいてん・かいにゅう
きばん・きゃっか
しゅくふく・しょばつ
すいい・せっち
たんねん・ちくせき
ちんこう・ちんちゃく
ていぞく・なんぎ
のうこう・はんこう
ひんこん・ほうにん
めんどう・れっきょ

解答

1 放任
2 反抗
3 低俗
4 栄転
5 却下
6 蓄積
7 濃厚
8 設置
9 貧困
10 沈降

11 介入
12 祝福
13 丹念
14 難儀
15 沈着
16 処罰
17 推移
18 面倒
19 基盤
20 列挙

第14日(3)

書き取り

時間20分
合格35

得点
1回目 /50
2回目 /50

● 次の――線のカタカナを漢字に直せ。

1 台所のユカイタが汚くなった。
2 老人はアクリョクが弱い。
3 イホウ建築が不正に許可される。
4 それはエッケン行為にあたる。
5 船をカイヒして航路を右にとる。
6 カンキョウ問題は人類の課題だ。
7 彼はギキョク家であり演出家だ。
8 中国ではキュウレキ正月を祝う。
9 問題のクウランに入る適語。
10 八月ゲジュンには完成する。
11 部長が課長職をケンムしている。
12 コテキ隊によるパレード。
13 彼は今随筆をシッピツしている。
14 疑惑に対してシャクメイをする。
15 事故のシュンカンを撮った写真。
16 厚いシンコウ心を持っている。
17 運転を自動的にセイギョする。
18 ゼツミョウの演技に感動する。
19 質問に対してソクザに回答した。
20 体操競技ではチョウバが得意だ。
21 道路交通法にテイショクする。
22 ドレイ制度を廃止する活動。

解答

1 床板
2 握力
3 違法
4 越権
5 回避
6 環境
7 戯曲
8 旧暦
9 空欄
10 下旬
11 兼務
12 鼓笛
13 執筆
14 釈明
15 瞬間
16 信仰
17 制御
18 絶妙
19 即座
20 跳馬
21 抵触
22 奴隷

23 ノウム注意報が出た時は危ない。
24 水草がハンモする美しい沼。
25 心理ビョウシャのうまい作家。
26 十年間日本ブヨウを習っている。
27 ショウガイを地域医療に捧げる。
28 この業績はクンショウものだ。
29 早寝早起きをショウレイする。
30 戸籍トウホンを取り寄せる。
31 ロボウで倒れても我が道を行く。
32 大きな獲物がアミにかかる。
33 留守宅が何者かにアらされる。
34 幼稚園児がイモホりをしている。
35 オクバに食べかすが残っていた。
36 常に失敗をオソれてはいけない。

37 人のカゲグチは絶対にやめよう。
38 鉢植えの花がカれてしまった。
39 利子を元金にクり入れておく。
40 水草の混じったサワを歩く。
41 相手との距離が徐々にセバまる。
42 上司の機嫌をソコねてしまう。
43 長年営んできた店をタタむ。
44 トウゲの頂上から見る風景。
45 若い頃《ころ》はナヤみが多いものだ。
46 油断してヌかってては駄目だ。
47 横綱の名にハじない相撲だった。
48 とても悔しくて地団駄をフんだ。
49 まさにヤナギに雪折れなしだね。
50 優しい雰囲気をカモし出している。

23 濃霧
24 繁茂
25 描写
26 舞踊
27 生涯
28 勲章
29 奨励
30 謄本
31 路傍
32 網
33 荒
34 芋掘
35 奥歯
36 恐

37 陰口
38 枯
39 繰
40 沢
41 狭
42 損
43 畳
44 峠
45 悩
46 抜
47 恥
48 踏
49 柳
50 醸

第15日 (1)

読み

時間15分 合格35

得点 1回目 /50 2回目 /50

● 次の――線の読みをひらがなで記せ。

1 今日の試合は惜敗に終わった。
2 都会に住むと郷愁にかられる。
3 柳の木は涼感を誘う趣がある。
4 本社では技術者が厚遇される。
5 兄は妄執にとらわれて苦しんだ。
6 祖父は脳血栓を患った。
7 側溝に車のタイヤがはまる。
8 国語の教科書にある韻文を読む。
9 天皇が詔勅で意思を表される。
10 先生は苦汁に満ちた決断をした。
11 砕石場ではトラックが活躍する。
12 出国時にパスポートを呈示する。
13 敵国に密偵を送り込む。
14 過疎地に住む父と離れて暮らす。
15 一家の嫡子として大事に育てる。
16 学社融合を目指した事業だ。
17 奈良《なら》時代の乾漆像を展示する。
18 彼らは伯叔の関係にある。
19 屯所は明治初期の警察署である。
20 彼女は不貞を責められた。
21 寄附金により校舎を建てかえる。
22 官僚出身の大臣が誕生する。

解答

1 せきはい
2 きょうしゅう
3 りょうかん
4 こうぐう
5 もうしゅう
6 けっせん
7 そっこう
8 いんぶん
9 しょうちょく
10 くじゅう
11 さいせき
12 ていじ
13 みってい
14 かそ
15 ちゃくし
16 ゆうごう
17 かんしつ
18 はくしゅく
19 とんしょ
20 ふてい
21 きふ
22 かんりょう

第15日
第16日
第17日
第18日
第19日
第20日
第21日

23 花瓶に水仙が生けられた。
24 子どもたちは学習塾に通う。
25 彼の祖父は艦艇の乗組員だった。
26 まるで禅問答のようだった。
27 男は公金を拐帯したらしい。
28 父は法曹界に身を置いている。
29 法律で拷問を禁止する。
30 彼の偉業を讃《たた》える顕彰碑が建つ。
31 うわさ話を潤色して伝える。
32 病気は幸い軽症で済んだ。
33 賃金の引き上げ交渉が妥結した。
34 どうやら彼は左遷されたらしい。
35 余剰金は次年度へ繰り越される。
36 前途を嘱望された青年と出会う。

37 教育委員会の諮問機関である。
38 彼女は私の乳母である。
39 胸元を飾るネックレス。
40 柔らかい筆遣いで丁寧に書く。
41 いつもこのバッグを携えている。
42 私のペットは雌の三毛猫だ。
43 赤ちゃんの肌着は清潔にしたい。
44 有名な窯元の焼いた茶碗《わん》だ。
45 法隆寺《ほうりゅうじ》の釣り鐘の音が響く。
46 もう後戻りはできないよ。
47 母さんの歌う子守歌が聞こえる。
48 祖母は好んで渋茶を飲む。
49 己の決めた道を最後まで進む。
50 霧吹きを使ったアイロンがけ。

---

23 かびん
24 じゅく
25 かんてい
26 ぜんもんどう
27 かいたい
28 ほうそう
29 ごうもん
30 けんしょう
31 じゅんしょく
32 けいしょう
33 だけつ
34 させん
35 よじょう
36 しょくぼう

37 しもん
38 うば
39 むなもと
40 やわ
41 たずさ
42 みけねこ
43 はだぎ
44 かまもと
45 つ(り)がね
46 あともど
47 こもりうた
48 しぶちゃ
49 おのれ
50 きりふ

第15日 (2)

同音・同訓異字、誤字訂正

時間 20分
合格 20

得点
1回目 /28
2回目 /28

● 次の——線のカタカナを漢字に直せ。

1 強行採決にコウ議する。
2 運転免許証をコウ新する。
3 市が主サイしている展覧会だ。
4 支払い能力のないサイ務者。
5 セン水艦が目の前に浮上した。
6 セン烈なデビューを果たした。
7 運動会でカけっこに出場する。
8 休養をカねてのんびり旅行する。
9 ローマ皇テイが支配した時代。
10 隣国と条約をテイ結する。
11 近キョウをお知らせください。
12 吉と出るかキョウと出るか。
13 悔コンの情を抱く。
14 友人の結コン式に出席する。
15 寺の住職はスミ絵が得意だ。
16 スミやかに結論を出すべきだ。

解答

1 抗
2 更
3 催
4 債
5 潜
6 鮮
7 駆
8 兼
9 帝
10 締
11 況
12 凶
13 恨
14 婚
15 墨
16 速

● 次の各文にまちがって使われている同じ読みの漢字が一字ある。上に誤字を、下に正しい漢字を記せ。

1 食物繊緯を多く含んだ野菜を摂取するよう栄養士から言われた。

2 地球温暖化は現代社会への敬鐘ととらえて日常生活を見直したい。

3 修学旅行では銀閣寺《ぎんかくじ》を拝観した後に集合し、記念写真を執る予定だ。

4 政権確得後の政策を具体化する過程で党の真価が問われることになる。

5 環境に影況を及ぼす二酸化炭素排出濃度の厳密な基準が必要だ。

6 地域の伝統舞踊の系承者を育成しないと優れた文化が廃れていく。

7 関東大震災直後に設計された頑錠な建物であり、文化財的価値もある。

8 彼は直面する難題への解決策が見いだせず慎刻な表情をしている。

9 上司は寛容な態度で臨むのがよく、極単な考えは部下の誤解を招く。

10 山間地の児童にとって磯《いそ》遊びでの自然観察は貴調な体験となる。

11 これは疲労時の強壮剤として地元で最も沈重されてきた食品である。

12 研究論文は現場感覚のない机上の空論であると痛劣な批判を受けた。

解答

1 緯・維
2 敬・警
3 執・撮
4 確・獲
5 況・響
6 系・継
7 錠・丈
8 慎・深
9 単・端
10 調・重
11 沈・珍
12 劣・烈

第15日 (3)

書き取り

時間 20分
合格 35

得点
1回目 /50
2回目 /50

● 次の――線のカタカナを漢字に直せ。

1 アトカタもなく消え去った。
2 夕方にイクブンか涼しくなった。
3 二国の間にカイザイする諸問題。
4 父は洋ガシ店を営んでいる。
5 熱帯のカンキには雨が降らない。
6 カンソウ会に全職員が参加した。
7 滑稽《こっけい》で風刺的な絵をギガと呼ぶ。
8 問題意識があまりにもキハクだ。
9 本文の下にキャクチュウがある。
10 キョウレツな個性を持った人物。
11 四輪クドウの車で砂漠を走る。
12 事件のゲンキョウと言われる人。
13 コウマンな態度は人に嫌われる。
14 コダイ広告だと警告された。
15 サッチュウザイは使わない。
16 シテキを受けた点は改善した。
17 様々なシュコウを凝らした演劇。
18 年末のショウヨが出た。
19 シンショクを共にした仲だ。
20 今までセッショクの無かった人。
21 父は手にセンスを持っていた。
22 家督争いでソウドウが起こる。

解答

1 跡形
2 幾分
3 介在
4 菓子
5 乾季(期)
6 歓送
7 戯画
8 希薄
9 脚注
10 強烈
11 駆動
12 元凶
13 高慢
14 誇大
15 殺虫剤
16 指摘
17 趣向
18 賞与
19 寝食
20 接触
21 扇子
22 騒動

23 タイカ金庫にしまっておこう。
24 ダゲキを受けたが立ち直った。
25 経験のチクセキが十分ある。
26 ツウショウでサブと呼ばれる。
27 ごみだめからイシュウがする。
28 ボウセキ業が盛んだった町。
29 事業からのテッタイを決める。
30 新会社のヤッカンを発表した。
31 闘争はストにトツニュウした。
32 難しい質問にコンワクした。
33 研究の進展にハクシャをかけた。
34 彼の怒りがついにバクハツした。
35 フウガなたたずまいの住宅。
36 フブキの中を出かけていった。

37 海上からのホウゲキで崩壊する。
38 諸国マンユウ記を面白く読んだ。
39 能楽の詞章をヨウキョクと言う。
40 銀行でリョウガエをしてもらう。
41 立山レンポウを縦走する計画。
42 大自然の懐《ふところ》にイダかれて眠る。
43 ポイントとなる所はオさえる。
44 新しい商品をタメす。
45 重い荷物を持ってコシを痛めた。
46 じゅうたんなどのシキモノ。
47 今年の新入社員はツブぞろいだ。
48 ドロヌマからようやく脱出した。
49 突然の雨にカサを差さずに走る。
50 すぐにお湯をワかしてください。

23 耐火 24 打撃 25 蓄積 26 通称 27 異臭 28 紡績 29 撤退 30 約款 31 突入 32 困惑 33 拍車 34 爆発 35 風雅 36 吹雪

37 砲撃 38 漫遊 39 謡曲 40 両替 41 連峰 42 抱 43 押 44 試 45 腰 46 敷物 47 粒 48 泥沼 49 傘 50 沸

第16日（1） 読み

時間 15分
合格 35
得点
1回目 /50
2回目 /50

● 次の――線の読みをひらがなで記せ。

1 将来を憂慮し、先生に相談する。
2 喪心した表情でただ立っていた。
3 呉音は平安時代和音と言われた。
4 この物質は可塑性がある。
5 渦中の人物を取材した。
6 蛍雪の功あって合格する。
7 手をよく洗って殺菌をしよう。
8 作家に急ぎの原稿を催促する。
9 彼のこの作品は駄作である。
10 疫痢は高熱を伴い死亡率が高い。
11 我々は基本的人権を享有する。
12 余裕をもって行動しよう。
13 彼は奨学金を活用して入学した。
14 他国の政府と借款を交わす。
15 脈絡のない話が延々と続く。
16 君にどうしても衷情を訴えたい。
17 渋滞がやっと緩和されたらしい。
18 勇壮な音楽に合わせて行進する。
19 所属長から退職勧奨を受ける。
20 薄暮の頃《ころ》は運転に気をつけろ。
21 元帥として活躍した祖父だった。
22 彼女は貞節を守って生きてきた。

解答

1 ゆうりょ
2 そうしん
3 ごおん
4 かそせい
5 かちゅう
6 けいせつ
7 さっきん
8 さいそく
9 ださく
10 えきり
11 きょうゆう
12 よゆう
13 しょうがくきん
14 しゃっかん
15 みゃくらく
16 ちゅうじょう
17 かんわ
18 ゆうそう
19 かんしょう
20 はくぼ
21 げんすい
22 ていせつ

23 偽名を使ってはいけない。
24 地価の暴騰で土地購入は難しい。
25 悪貨は良貨を駆逐する。
26 彼女は被害妄想に苦しんでいる。
27 妻の懐妊の知らせに小躍りする。
28 赴任先は離島の学校だった。
29 葬列が粛々と峠道を進む。
30 初志貫徹の精神で突き進む。
31 諸侯としての家柄を守る。
32 中国で甲骨文字が発見された。
33 ごみ処理を疎略にするな。
34 彼は禍福をほしいままにした。
35 松茸《まつたけ》の土瓶蒸しを注文する。
36 父が娘に財産を譲渡する。
37 料亭のおかみとして活躍する。
38 伯母は長年保育士として働いた。
39 大きな船が海原を行く。
40 祖母は三味線に合わせて踊る。
41 鋭い太刀を構えて敵と向き合う。
42 心臓病の発作によく効く薬。
43 仮病を使って欠席する。
44 棟続きの家に祖母が住んでいる。
45 嫌な相手と鉢合わせした。
46 皆の前でほめられ、照れ臭い。
47 併せて、君の幸せを祈ります。
48 漆細工の職人として生涯を送る。
49 和やかな雰囲気の中での会議。
50 いたずらした子を懲らしめる。

---

23 ぎめい
24 ぼうとう
25 くちく
26 もうそう
27 かいにん
28 ふにん
29 しゅくしゅく
30 かんてつ
31 しょこう
32 こうこつ
33 そりゃく
34 かふく
35 どびん
36 じょうと
37 りょうてい
38 おば
39 うなばら
40 しゃみせん
41 たち
42 ほっさ
43 けびょう
44 むねつづ
45 はちあ
46 くさ
47 あわ
48 うるしざいく
49 なご
50 こ

第16日 (2)

四字熟語

時間 20分
合格 24

得点
1回目 /33
2回目 /33

● 次の四字熟語について、問1と問2に答えよ。

問1 後の□内のひらがなを漢字にして1〜10に入れ、四字熟語を完成せよ。□内のひらがなは一度だけ使うこと。

ア 一朝一 1
イ 換 2 奪胎
ウ 好機 3 来
エ 山 4 水明
オ 縦横無 5
カ 6 尾一貫
キ 7 場一致
ク 当 8 即妙
ケ 前 9 多難
コ 泰然自 10

い・こつ・し
じゃく・しゅ
じん・せき・と
とう・まん

問2 次の11〜15の意味にあてはまるものを問1のア〜コの四字熟語から一つ選び、記号で答えよ。

11 終始同じ考えで通すこと。
12 その場に適応した素早い機転。
13 行く手に苦しくつらいことが多いこと。
14 わずかな時日。
15 そこでの皆の考えが合うこと。

解答

問1
1 夕
2 骨
3 到
4 紫
5 尽
6 首
7 満
8 意
9 途
10 若

問2
11 カ
12 ク
13 ケ
14 ア
15 キ

● 次の四字熟語について、問1と問2に答えよ。

問1 後の□内のひらがなを漢字にして1～12に入れ、四字熟語を完成せよ。□内のひらがなは一度だけ使うこと。

□ ア 徹[1]徹尾
□ イ 人跡[2]踏
□ ウ 初[3]貫徹
□ エ 離合集[4]
□ オ 多岐亡[5]
□ カ [6]遍妥当
□ キ 生殺[7]奪
□ ク 多事多[8]
□ ケ 複雑怪[9]
□ コ 延命[10]災
□ サ 絶[11]絶命
□ シ 適[12]適所

き・ざい・さん
し・そく・たい
たん・とう・ふ
み・よ・よう

問2 次の13～18の意味にあてはまるものを問1のア～シの四字熟語から一つ選び、記号で答えよ。

□ 13 誰も入ったことがないこと。
□ 14 逃れようのない非常に困難な状態。
□ 15 仕事が多くて非常に忙しいこと。
□ 16 一般的に承認されるべきもの。
□ 17 すべて自分の思いのままであること。
□ 18 方針が多すぎて選択に迷うこと。

解答

問1
1 頭　2 未　3 志　4 散　5 羊　6 普
7 与　8 端　9 奇　10 息　11 体　12 材

問2
13 イ　14 サ　15 ク　16 カ　17 キ　18 オ

第16日 (3)

書き取り

時間 20分
合格 35

得点
1回目　/50
2回目　/50

● 次の――線のカタカナを漢字に直せ。

1 イギを正して式典に出席する。
2 彼はウヨク手で四番打者だ。
3 『枕草子《まくらのそうし》』をカイシャクした。
4 数カショの間違いを直した。
5 大水のため避難カンコクを出す。
6 美しさにカンタンの声をあげた。
7 演劇界のキサイと呼ばれている。
8 キハクのこもった名演技。
9 月末にキュウヨが支払われる。
10 ギョカク高が日本一を記録する。
11 人口が減少するケイコウにある。
12 コウキに満ちた生涯を送る。
13 コウモクごとに資料を整理した。
14 コタンな味わいのある屏風《びょうぶ》絵。
15 この回は三者サンシンに終わる。
16 シャクゼンとしない説明を聞く。
17 シュトケンに入る道路の混雑。
18 三月ショジュンに卒業式がある。
19 お祝いに花束をシンテイする。
20 祖母をケンシン的に介護する。
21 寿司《すし》屋のネタはセンドが命だ。
22 多くのゾウトウ品が届いた。

解答

1 威儀　2 右翼　3 解釈　4 箇所　5 勧告　6 感嘆　7 鬼(奇)才　8 気迫　9 給与　10 漁獲　11 傾向
12 光輝　13 項目　14 枯淡　15 三振　16 釈然　17 首都圏　18 初旬　19 進呈　20 献身　21 鮮度　22 贈答

23 ニュウワな表情の女性。
24 風呂屋《ふろ》のダツイ場に時計を置く。
25 目上の人にケイイを払う。
26 調停委員会にテイソする。
27 病院でシンサツを受ける。
28 委員長をヒメンされた。
29 遭難者のソウサクが行われる。
30 損害バイショウの請求を行う。
31 トッピョウシもないことを言う。
32 京の町家はウナギのネドコだ。
33 大量のバクダンを廃棄する。
34 ハツコイの人が忘れられない。
35 彼はフウライボウと呼ばれる。
36 この物体のフリョクを計算せよ。

37 砂利をマンサイしたダンプカー。
38 敵のモウコウで形勢が逆転した。
39 激しいライウに見舞われた。
40 飛行機は定刻にリリクした。
41 彼とレンラクがとれない。
42 イドバタ会議のような協議会だ。
43 未来への希望に心がオドります。
44 夏場はよく食べ物がクサる。
45 一千人をコす観客が埋め尽くす。
46 雑草のシゲる野道を歩いていく。
47 テザワりの滑らかな布だ。
48 彼はナマリイロの空を見つめた。
49 城の周りのホリを舟で巡る。
50 書類をバインダーにハサむ。

23 柔和
24 脱衣
25 敬意
26 提訴
27 診察
28 罷免
29 捜索
30 賠償
31 突拍子
32 寝床
33 爆弾
34 初恋
35 風来坊
36 浮力

37 満載
38 猛攻
39 雷雨
40 離陸
41 連絡
42 井戸端
43 躍
44 腐
45 超
46 茂
47 手触
48 鉛色
49 堀
50 挟

第17日 (1)

読み

時間15分　合格35

得点　1回目　/50　2回目　/50

● 次の——線の読みをひらがなで記せ。

1 早くに両親を失い辛酸をなめる。
2 砕氷船でオホーツク海を進む。
3 来週までここに滞在している。
4 擬音語で実際の音を表す。
5 法然《ほうねん》が浄土宗を開いた。
6 偉人の生涯を伝記にする。
7 食中毒で下痢が続く。
8 反対派を粛清し、組織を整える。
9 患部にはこの湿布を貼るとよい。
10 まるで砂漠のように荒れた地だ。
11 掘削機で地面に大きな穴を掘る。
12 旅愁を感じる物悲しい景色だ。
13 この部分は割愛して発表しよう。
14 まるで仙境にいるような心地だ。
15 敵の様子をじっくりと内偵する。
16 宵の明星が天に輝いている。
17 何事も中庸を行くのがよろしい。
18 覇権をかけて最後まで争う。
19 運動会のテントを撤収する。
20 玉璽には四文字が刻されていた。
21 本校は中学校を併設している。
22 惰性で暮らすのはよくない。

解答

1 しんさん
2 さいひょう
3 たいざい
4 ぎおん
5 じょうど
6 しょうがい
7 げり
8 しゅくせい
9 かんぶ
10 さばく
11 くっさく
12 りょしゅう
13 かつあい
14 せんきょう
15 ないてい
16 みょうじょう
17 ちゅうよう
18 はけん
19 てっしゅう
20 ぎょくじ
21 へいせつ
22 だせい

23 楽譜を見ながら演奏する。
24 紛争により駐在大使を召還する。
25 祖父は昔、侯爵の地位にあった。
26 船が岩礁に乗り上げる。
27 軽侮の目で見るのはやめたまえ。
28 今後の活動の在り方を模索する。
29 貨幣の価値が下がる。
30 克己心を持って前進していこう。
31 懸命になって彼を捜索した。
32 吹雪の冬山で遭難する。
33 医師が出張のため今日は休診だ。
34 教頭は校長を補佐する役を持つ。
35 来賓席は前列右側だ。
36 江戸っ子は宵越しの金は持たぬ。
37 納豆は大豆を加工した食品だ。
38 蛇腹つきの折り畳み式カメラ。
39 棚卸しのため二日間休む。
40 堀端によく茂った柳の木がある。
41 それは甚だしく不利な条件だ。
42 行方のわからない人を捜索する。
43 幾重にも重なる山脈を眺める。
44 彼の息子は中学校の教員だ。
45 新しい小銭入れを買う。
46 功労者に勲章を授ける。
47 彼の顔つきは憂いを感じさせる。
48 母は甘い汁粉を食べたがる。
49 猿芝居を演じるのはやめてくれ。
50 夏は蚊が多いので嫌だ。

---

23 がくふ
24 しょうかん
25 こうしゃく
26 がんしょう
27 けいぶ
28 もさく
29 かへい
30 こっきしん
31 けんめい
32 そうなん
33 きゅうしん
34 ほさ
35 らいひん
36 よいご
37 なっとう
38 じゃばら
39 たなおろ
40 ほりばた
41 はなは
42 ゆくえ
43 いくえ
44 むすこ
45 こぜに
46 さず
47 うれ
48 しるこ
49 さるしばい
50 か

ランク B
第15日
第16日
第17日
第18日
第19日
第20日
第21日

第17日 (2)

部首、対義語・類義語

時間 20分
合格 31

得点
1回目 ／44
2回目 ／44

● 次の漢字の部首を記せ。

〈例〉菜［艹］　間［門］

1 幾
2 売
3 勅
4 亜
5 突
6 丙
7 宵
8 貢
9 尿
10 衝
11 呉
12 憲
13 尉
14 募
15 索
16 戻
17 酌
18 充
19 敗
20 幕
21 炭
22 叙
23 盾
24 則

解答

1 幺
2 士
3 力
4 二
5 穴
6 一
7 宀
8 貝
9 尸
10 行
11 口
12 心
13 寸
14 力
15 糸
16 戸
17 酉
18 儿
19 攵
20 巾
21 火
22 又
23 目
24 刂

● 次の1～10の対義語、11～20の類義語を下の□の中から選び、漢字で記せ。□の中の語は一度だけ使うこと。

対義語

1 一括
2 介入
3 寡黙
4 閑散
5 清浄
6 堕落
7 直面
8 廃棄
9 頒布
10 服従

類義語

11 懇願
12 頑健
13 醜聞
14 周辺
15 発議
16 普通
17 紛糾
18 猶予
19 快活
20 無粋

いっぱん・えんき
おだく・おめい
かいしゅう・かいひ
きんりん・こうせい
こんらん・じょうぶ
たべん・たんがん
ていあん・はんこう
はんぼう・ぶんかつ
ぼうかん・ほぞん
めいろう・やぼ

解答

1 分割
2 傍観
3 多弁
4 繁忙
5 汚濁
6 更生
7 回避
8 保存
9 回収
10 反抗

11 嘆願
12 丈夫
13 汚名
14 近隣
15 提案
16 一般
17 混乱
18 延期
19 明朗
20 野暮

第17日 (3)

書き取り

時間 20分 合格 35

得点 1回目 /50 2回目 /50

● 次の——線のカタカナを漢字に直せ。

1 イクジなしになるな。
2 郷土のエイユウと言われている。
3 カイバツ五百メートルの地点。
4 本大会でのカツヤクを期待する。
5 辞典のカンシュウを依頼する。
6 カンデンチで動くおもちゃ。
7 背後からキシュウ攻撃をする。
8 社会全体のキハン意識を高めよ。
9 キョウアク犯罪の犯人が捕まる。
10 キョジンのような体格の選手だ。
11 図書ケイゾウのお願いをした。
12 コウキョウガクを作曲する。
13 ゴテンのような家で暮らす。
14 総選挙でザンパイした原因。
15 ピサのシャトウの前で集まる。
16 印鑑のシュニクが見つからない。
17 ショッカクの発達した昆虫。
18 スイサイガにしたいような風景。
19 地震のため家屋がゼンカイした。
20 対決姿勢をセンメイにした。
21 採否をソッケツする必要がある。
22 毎日タイクツで仕方がない。

解答

1 意気地
2 英雄
3 海抜
4 活躍
5 監修
6 乾電池
7 奇襲
8 規範
9 凶悪
10 巨人
11 恵贈
12 交響楽
13 御殿
14 惨敗
15 斜塔
16 朱肉
17 触角(覚)
18 水彩画
19 全壊
20 鮮明
21 即決
22 退屈

23 この夏はタボウな日が続いた。
24 チュウケン幹部が会社を動かす。
25 家をテイトウに入れて借金する。
26 海外旅行のテンジョウ員をする。
27 事件の真相をカッパする。
28 紳士・シュクジョが集う。
29 河口にオデイがたまっている。
30 気持ちにヨユウを持ちなさい。
31 運動をしてネムケを覚ます。
32 甘いハクトウの缶詰を開ける。
33 ハンショク力が強い動物である。
34 彼女はフクショクデザイナーだ。
35 公園のフンスイが高く上がった。
36 その程度でマンシンするな。

37 この小説をモクドクしなさい。
38 ランガイの余白に書き込む。
39 リンシツの母の寝息が聞こえる。
40 ロウキュウ化した建物の改築。
41 海水は淡水より体がウきやすい。
42 多くのカゲエの作品を残した。
43 空がクモるにつれて冷え込む。
44 毎月一度コヅカいをもらう。
45 運動場のシバカりを毎週行う。
46 選手のドウアげをする。
47 彼女はナミダゴエで話した。
48 なかなか本音をハかない人だ。
49 だいぶスズしくなってきたね。
50 そんなサルまねじゃだめだよ。

23 多忙
24 中堅
25 抵当
26 添乗
27 喝破
28 淑女
29 汚泥
30 余裕
31 眠気
32 白桃
33 繁殖
34 服飾
35 噴水
36 慢心

37 黙読
38 欄外
39 隣室
40 老朽
41 浮
42 影絵
43 曇
44 小遣
45 芝刈
46 胴上
47 涙声
48 吐
49 涼
50 猿

第18日(1)

読み

時間15分
合格35
得点
1回目 /50
2回目 /50

● 次の——線の読みをひらがなで記せ。

1 忍耐強いところは父に似た。
2 無窮の天空を仰ぐ。
3 褐色に日焼けした体が自慢だ。
4 どうも彼の考えは偏向している。
5 長江は中国第一の大河である。
6 砂利道を過ぎると私の家だ。
7 会議で議論の応酬が続いた。
8 睡眠時間はたっぷり取れた。
9 勲功が認められ、表彰される。
10 私は潜航艇に乗ったことがある。
11 完膚無きまでにやっつけられた。
12 履歴書には出身校を記載する。
13 妹は木琴をたたくのが好きだ。
14 無意味な数字を羅列する。
15 規則を破り、諭旨免職となる。
16 彼は閑職にまわされるようだ。
17 災害を受け、補償金を請求する。
18 しっかり把持して放さない。
19 祖父から将棋を教わる。
20 政界の不正を糾弾する。
21 彼はなかなか剛胆な若者だ。
22 古くから伝わる民謡を採譜する。

解答

1 にんたい
2 むきゅう
3 かっしょく
4 へんこう
5 ちょうこう
6 じゃり
7 おうしゅう
8 すいみん
9 くんこう
10 せんこうてい
11 かんぷ
12 りれきしょ
13 もっきん
14 られつ
15 ゆし
16 かんしょく
17 ほしょう
18 はじ
19 しょうぎ
20 きゅうだん
21 ごうたん
22 さいふ

23 貸借対照表を提示する。
24 血液は体内を循環している。
25 試合は争覇戦となるだろう。
26 下弦の月を観賞する。
27 彼は係累のいない気楽な身だ。
28 怠惰な生活を改める。
29 当時のことを述懐する。
30 彼の申し出を拒絶する。
31 どうぞこの品をご笑納ください。
32 懸案事項の解決を図る。
33 王は隣国をも統轄した。
34 花柳界でのしきたりを守る。
35 文献の原本は散逸したらしい。
36 宇宙から地球に無事帰還する。
37 見事なトリックに幻惑される。
38 落ち込んだ人を慰める。
39 彼の墓前に花を手向ける。
40 仁王立ちになって子を叱《しか》る。
41 刃渡り十センチのナイフを使う。
42 歩きすぎて靴擦れが起きた。
43 缶切りを使ってふたを開ける。
44 桟橋から船が出発した。
45 母は社員寮の賄いをしている。
46 浮ついた気持ちでは怪《け》我をする。
47 これは道具箱に戻しておこう。
48 杉板でふいた屋根の家に住む。
49 長い間患った末、健康を取り戻す。
50 海辺で拾った貝殻を大事にする。

23 たいしゃく
24 じゅんかん
25 そうは
26 かげん
27 けいるい
28 たいだ
29 じゅっかい
30 きょぜつ
31 しょうのう
32 けんあん
33 とうかつ
34 かりゅうかい
35 さんいつ
36 きかん
37 げんわく
38 なぐさ
39 たむ
40 におう
41 はわた
42 くつず
43 かんき
44 さんばし
45 まかな
46 うわ
47 もど
48 すぎいた
49 わずら
50 かいがら

第18日 (2)

熟語の構成、漢字と送りがな

時間20分
合格28
得点
1回目
/40
2回目
/40

● 熟語の構成のしかたには次のようなものがある。

ア 同じような意味の漢字を重ねたもの（岩石）
イ 反対または対応の意味を表す字を重ねたもの（高低）
ウ 上の字が下の字を修飾しているもの（洋画）
エ 下の字が上の字の目的語・補語になっているもの（着席）
オ 上の字が下の字の意味を打ち消しているもの（非常）

次の熟語は右のア～オのどれにあたるか、一つ選び、記号で答えよ。

1 美醜
2 無臭
3 存廃
4 遷都
5 疑似
6 悪臭
7 謹慎
8 痴態
9 往還
10 非道
11 紛糾
12 崇仏
13 硬軟
14 逸話
15 献杯

解答
1 イ
2 オ
3 イ
4 エ
5 ア
6 ウ
7 ア
8 ウ
9 イ
10 オ
11 ア
12 エ
13 イ
14 ウ
15 エ

● 次の——線のカタカナを漢字一字と送りがな（ひらがな）に直せ。

〈例〉 問題にコタエル。 答える

1 いずれオトラぬ名人ぞろいだ。
2 会社が多額の負債をカカエル。
3 中秋の名月が雲間にカクレル。
4 夏場は食べ物をよくクサラス。
5 七夕飾りに願いをコメル。
6 乱暴に扱うとコワレルよ。
7 人口が減り町はサビレル一方だ。
8 景観をソコネルビルが建った。
9 君には感謝の一言にツキル。
10 鍋に入れたバターをトカス。
11 ナゴヤカナ雰囲気の会議だ。
12 豆がニエルまで時間がかかる。
13 夕日にハエル瀬戸内の島々。
14 商品代に郵送料もフクメル。
15 社長の意向をフマエて検討する。
16 後輩の活躍をホコラシク思う。
17 彼は秀才とのホマレが高い。
18 孫をムカエル準備ができた。
19 雨天の試合は服がヨゴレル。
20 他店ではアツカッていない商品。
21 学校がアレル原因を探る。
22 気を緩めず自らをイマシメル。
23 国民の関心がウスライできた。
24 ビルの完成がかなりオクレル。
25 師とアオグべき人に巡り会った。

解答

1 劣ら
2 抱える
3 隠れる
4 腐らす
5 込める
6 壊れる
7 寂れる
8 損ねる
9 尽きる
10 溶かす
11 和やかな
12 煮える
13 映える
14 含める
15 踏まえ
16 誇らしく
17 誉れ
18 迎える
19 汚れる
20 扱っ
21 荒れる
22 戒める
23 薄らい
24 遅れる
25 仰ぐ

第18日(3)

書き取り

時間20分 合格35

得点 1回目 /50 2回目 /50

● 次の――線のカタカナを漢字に直せ。

1 イクタの困難が予想される。
2 国民エイヨ賞に値する活躍ぶり。
3 病人を手厚くカイホウした。
4 古いカベガミを張りかえる。
5 映画カンショウを楽しむ。
6 カンビな夢を見させてもらった。
7 巧みなキジュツをする手品師。
8 人生のキビをよく理解した人物。
9 キョウゲン役者の家に生まれる。
10 美しいキンパツの女性。
11 彼は私がケイトウしている人だ。
12 コウシュとも優れたチームだ。
13 相手の事情もコウリョに入れる。
14 長い交際の後コンヤクした二人。
15 夏場はシガイセン対策が必要だ。
16 シャヨウ産業と言われる業種。
17 釣りはシュミと実益を兼ねる。
18 ショハンの事情で会社を辞めた。
19 窓ガラスにスイテキがつく。
20 不法センキョにあたる行為。
21 事実とは明らかにソウイがある。
22 驚きのあまりソットウする。

解答

1 幾多
2 栄誉
3 介抱
4 壁紙
5 鑑賞
6 甘美
7 奇術
8 機微
9 狂言
10 金髪
11 傾倒
12 攻守
13 考慮
14 婚約
15 紫外線
16 斜陽
17 趣味
18 諸般
19 水滴
20 占拠
21 相違
22 卒倒

23 校舎のタイシン診断をする。
24 彼を救うためのタンガン書。
25 前代未聞のチンジが起こった。
26 立派なテガラを立てて帰る。
27 ジヨウのあるものを食べなさい。
28 この仕事はムダにはならない。
29 昆虫をバイカイに果実が実る。
30 進級に必要な科目をリシュウする。
31 塩分ノウドを調べてください。
32 ビルをバクハして解体する。
33 ハンロを開拓する必要がある。
34 フショクが速い海岸沿いの建物。
35 事実をフンショクして報告した。
36 彼はいつもユウゼンとしている。

37 正月にはモンツきの着物を着る。
38 戦線リダツを余儀なくされる。
39 レイショで書いた色紙をもらう。
40 ワンリョクでは勝てない指相撲。
41 遠くから来た友人を家にトめる。
42 私の母はウスアジを好む。
43 カザり気のない言葉遣いをする。
44 火事現場でケムリを吸い込むな。
45 とげがサさるので気をつけよう。
46 体の中がスけて見える魚がいる。
47 トウゲゴえのバスが出発する。
48 困難から二げても解決しない。
49 表のトビラは閉めてください。
50 それはハナハだしい誤解だ。

---

23 耐震
24 嘆願
25 珍事
26 手柄
27 滋養
28 無駄
29 媒介
30 履修
31 濃度
32 爆破
33 販路
34 腐食
35 粉飾
36 悠然

37 紋付
38 離脱
39 隷書
40 腕力
41 泊
42 薄味
43 飾
44 煙
45 刺
46 透
47 峠越
48 逃
49 扉
50 甚

第19日 (1)

読み

時間 15分 合格 35

得点 1回目 /50 2回目 /50

● 次の——線の読みをひらがなで記せ。

1 山荘に泊まり、頂上を目指す。
2 兄は閑静な住宅街に住んでいる。
3 秋の夕べ、弦楽を楽しむ。
4 謄写版を使って印刷する。
5 事故で下肢を負傷した。
6 伐採された木材が運ばれる。
7 蛍光灯の明かりがまぶしい。
8 水泳の後、目が充血した。
9 華やかな衣装を身にまとう。
10 硝酸は多くの金属を溶かす。
11 医療費の還付金が戻ってくる。
12 喪服を着た女性に出会った。
13 襟元に小さいブローチを付ける。
14 枢軸都市としての機能を持つ。
15 怪《け》我のため一軍から抹消される。
16 秘境を探検するのが夢だ。
17 造幣局の桜を観賞する。
18 政治家が偽証罪に問われた。
19 謹賀新年と年賀状に書いた。
20 豪邸の暮らしにはもう飽きた。
21 災厄を受けないために参詣《けい》する。
22 感泣している少女がいる。

解答

1 さんそう
2 かんせい
3 げんがく
4 とうしゃ
5 かし
6 ばっさい
7 けいこうとう
8 じゅうけつ
9 いしょう
10 しょうさん
11 かんぷ
12 もふく
13 えりもと
14 すうじく
15 まっしょう
16 たんけん
17 ぞうへいきょく
18 ぎしょう
19 きんが
20 ごうてい
21 さいやく
22 かんきゅう

23 渇水を知らせる広報車が走る。
24 都市部に人口が偏在する。
25 履修科目はすべて修了した。
26 年俸がなかなか増えない。
27 物価の急騰に困惑する。
28 静脈は血液を心臓に運ぶ血管だ。
29 いずれも優秀で甲乙つけがたい。
30 勅命を受けて外国に旅立つ。
31 婚姻届を役所へ提出する。
32 植物は無菌状態で育てられた。
33 犯人が外国へ出奔した。
34 代償を払ってでも手に入れたい。
35 仙人のような生活を続ける。
36 容赦なく雨が降り注ぐ。

37 凹面鏡を使って実験する。
38 顔の輪郭がはっきりしている。
39 外科で足の怪我を治療する。
40 時雨の降る寒い夜に旅に出た。
41 勘違いしてもらっては困る。
42 この試合は賞金が懸かっている。
43 蔵屋敷に住む祖父を訪ねる。
44 軽やかな足どりだった。
45 部屋の隅に猫が座っている。
46 木綿でできたシャツを着る。
47 肩までどっぷりと湯に浸る。
48 この辺で一泡吹かせてやろう。
49 人生の幕を下ろすのはまだ早い。
50 彼はそのことを一切口にしない。

23 かっすい
24 へんざい
25 りしゅう
26 ねんぽう
27 きゅうとう
28 じょうみゃく
29 こうおつ
30 ちょくめい
31 こんいん
32 むきん
33 しゅっぽん
34 だいしょう
35 せんにん
36 ようしゃ

37 おうめんきょう
38 りんかく
39 げか
40 しぐれ
41 かんちが
42 か
43 くらやしき
44 かろ
45 すみ
46 もめん
47 ひた
48 ひとあわ
49 まく
50 いっさい

第19日 (2)

同音・同訓異字、誤字訂正

時間20分
合格20

得点
1回目 /28
2回目 /28

● 次の――線のカタカナを漢字に直せ。

1 激務でヒ労がたまっている。
2 文学作品をヒ評する。
3 祖母は日本舞ヨウを教えている。
4 私はヨウ痛に悩まされている。
5 最近は比カク的温かい。
6 内カク不信任案が可決された。
7 紙面をサいて特集記事を載せる。
8 日ざしをサけて木陰に入る。
9 記事のショウ報が載っている。
10 この地域には湖ショウが多い。
11 加算税をチョウ収する。
12 早朝の清チョウな空気を吸う。
13 解シャクの違うところがある。
14 ちょっと拝シャクさせてください。
15 難しい問題をトく。
16 台所で包丁をトぐ。

解答

1 疲
2 批
3 踊
4 腰
5 較
6 閣
7 割
8 避
9 詳
10 沼
11 徴
12 澄
13 釈
14 借
15 解
16 研

● 次の各文にまちがって使われている同じ読みの漢字が一字ある。上に誤字を、下に正しい漢字を記せ。

☐ 1 優れた官督は理論と実践に裏打ちされた指揮で選手の力を伸ばす。

☐ 2 職業への明確な目的意識を持ち将来の抱富を語れる若者になれ。

☐ 3 景気回復は喫緊の課題であるので、政府として営意努力をしたい。

☐ 4 新理論は関心を集めたが、推論に基づく記述が多く普久していない。

☐ 5 誠に境縮ですが、室内が蒸し暑いので近くの窓を開放してください。

☐ 6 祖父は健実な商売を続け、嫡男である父に家業を引き継いだ。

☐ 7 装触に凝った店内で取る食事は、家庭とは異なった雰囲気を味わえる。

☐ 8 雇用状態を改善する必要性からもより一層の合理化を遂進していく。

☐ 9 浪費を控えて将来に備えた貯築をしないと困窮した生活に陥るよ。

☐ 10 記念行事出席者の会費の潮収は事務職員が受付で行う予定である。

☐ 11 祖父は喜寿を迎えた年に勲章を授誉され、祖母を伴い皇居に行った。

☐ 12 高速道路での交通事故は衝撃が激しく、遅命傷を負うことが多い。

解答

1 官・監　7 触・飾
2 富・負　8 遂・推
3 営・鋭　9 築・蓄
4 久・及　10 潮・徴
5 境・恐　11 誉・与
6 健・堅　12 遅・致

第19日 (3)

書き取り

時間20分
合格35

● 次の――線のカタカナを漢字に直せ。

1 明治イシンで活躍した男たち。
2 多額の資金エンジョで実現した。
3 これはカイモク見当がつかない。
4 明るくなるまでガマン強く待つ。
5 カンジョウ線で事故があった。
6 切り立ったガンペキの上に立つ。
7 毎朝六時にキショウしている。
8 キミョウなことが起こった。
9 奇跡的に合格し、半キョウランになる。
10 キョヒを投じてダムが完成した。
11 豊かなドジョウで育った野菜。
12 コウテンにもめげず出船した。
13 二人はゴカクの戦いを続けた。
14 サイマツ助け合い運動への賛同。
15 この仕事ぶりではジギに等しい。
16 会設立のシュイ書を書き上げた。
17 彼のシュワンにより成功する。
18 選挙戦はジョバンから白熱した。
19 スイトウ栽培に適した土地だ。
20 センギョを扱う店を営んでいる。
21 カニなどのソウショウが甲殻類だ。
22 静物をソビョウした佳作である。

得点
1回目 /50
2回目 /50

解答

1 維新
2 援助
3 皆目
4 我慢
5 環状
6 岸壁
7 起床
8 奇妙
9 狂乱
10 巨費
11 土壌
12 荒天
13 互角
14 歳末
15 児戯
16 趣意
17 手腕
18 序盤
19 水稲
20 鮮魚
21 総称
22 素描

23 首相をタイジンに追い込む世論。
24 タンスイで生きる動植物がある。
25 チンチャク冷静な彼の態度。
26 腫瘍《しゅよう》のテキシュツ手術が終わる。
27 ジュキョウは中国から伝わった。
28 相手の動きをテイサツする。
29 ヘイガイを除去する必要がある。
30 リュウサンに触れないように。
31 直角より大きい角はドンカクだ。
32 ノキサキに洗濯物を干している。
33 交通違反のバッキンを払う。
34 地震ヒガイの大きさが伝わる。
35 優秀な人材をハイシュツする。
36 交通費はベツト支給されます。

37 ミンヨウ歌手として活躍する。
38 計画案のユウレツをつける。
39 財産を残すほどのリショクの才。
40 レイジンとは美しい人を言う。
41 拳《けん》銃で標的をウつ訓練をした。
42 美しいカミカザりを贈る。
43 ケモノミチを歩く。
44 人気のないサビれた温泉街。
45 子どもたちがスナハマで遊ぶ。
46 こちらはトノガタ用の更衣室です。
47 説明の中で彼は言葉をニゴした。
48 しばらくヒカゲで休もう。
49 本当に彼らはコりない面々だ。
50 シルコは彼女の好物だ。

---

23 退陣
24 淡水
25 沈着
26 摘出
27 儒教
28 偵察
29 弊害
30 硫酸
31 鈍角
32 軒先
33 罰金
34 被害
35 輩出
36 別途

37 民謡
38 優劣
39 利殖
40 麗人
41 撃
42 髪飾
43 獣道
44 寂
45 砂浜
46 殿方
47 濁
48 日陰
49 懲
50 汁粉

第20日(1)　読み

時間15分　合格35

得点　1回目　/50　2回目　/50

● 次の──線の読みをひらがなで記せ。

1 浦島《うらしま》太《た》郎《ろう》は竜宮城に行った。
2 祖父は戦時中艦長を務めていた。
3 昆布でだしをとった料理を食べる。
4 エビは甲殻類の仲間である。
5 これは近代まれに見る逸品だ。
6 夏至を迎え、暑さも厳しい。
7 事の本質を喝破する。
8 裁判所の証人喚問で証言する。
9 政治団体に多額の献金を行う。
10 恭賀新年の文字を年賀状に書く。
11 姉は運動音痴を自認している。
12 硫安は肥料として使用される。
13 ここは本国が租借した土地だ。
14 男爵芋は明治期からの栽培だ。
15 自宅謹慎を言い渡された。
16 激しい練習で体力が消耗する。
17 旋盤を使ってねじを切る。
18 書道家に朱筆を入れてもらう。
19 学生に奨学金を貸与する。
20 炭酸水素ナトリウムは重曹だ。
21 走者が生還し、勝利につながる。
22 詔書により議会が召集される。

解答

1 りゅうぐう
2 かんちょう
3 こ(ん)ぶ
4 こうかくるい
5 いっぴん
6 げし
7 かっぱ
8 かんもん
9 けんきん
10 きょうが
11 おんち
12 りゅうあん
13 そしゃく
14 だんしゃく
15 きんしん
16 しょうもう(しょうこう)
17 せんばん
18 しゅひつ
19 たいよ
20 じゅうそう
21 せいかん
22 しょうしょ

23 慶事には赤飯が用意される。

24 今とても透徹した心境にある。

25 祖国の興廃がかかった戦い。

26 果汁百パーセントのジュース。

27 私は俸給によって生活している。

28 納涼の花火大会が催される。

29 詐欺師の使う手口に用心しよう。

30 新人戦の敗退が彼を発憤させた。

31 デモを強硬に敢行する。

32 商品が無償で配られる。

33 示唆に富んだ講話を拝聴する。

34 彼は唯美派に属する芸術家だ。

35 政府直轄の研究機関に勤める。

36 ここは交通の要衝となっている。

37 ご主人様はさぞやご満悦だろう。

38 扉に挟まれないよう気をつける。

39 旅行の支度は既に完了した。

40 今回の企画の大枠を理解する。

41 擬人法を使って様子を表現する。

42 フルーツの缶詰を持っていく。

43 碁石のように並べられたタイル。

44 学歴を偽って立候補したそうだ。

45 命令に背く行為として罰した。

46 後半生で罪の償いをしなさい。

47 栄養に偏りのない食事をとる。

48 心に秘められた決意を垣間見る。

49 繭玉を小正月の飾り物にする。

50 厄年には寺社に参詣《けい》する。

---

23 けいじ
24 とうてつ
25 こうはい
26 かじゅう
27 ほうきゅう
28 のうりょう
29 さぎ
30 はっぷん
31 かんこう
32 むしょう
33 し(じ)さ
34 ゆいび
35 ちょっかつ
36 ようしょう
37 まんえつ
38 はさ
39 したく
40 おおわく
41 ぎじんほう
42 かんづめ
43 ごいし
44 いつわ
45 そむ
46 つぐな
47 かたよ
48 ひ
49 まゆだま
50 やくどし

第20日 (2)

四字熟語

時間20分
合格24
得点
1回目 /33
2回目 /33

● 次の四字熟語について、問1と問2に答えよ。

問1　後の□内のひらがなを漢字にして1〜10に入れ、四字熟語を完成せよ。□内のひらがなは一度だけ使うこと。

ア　1 象無象
イ　群雄 2 拠
ウ　五里 3 中
エ　色即 4 空
オ　時 5 到来
カ　諸行無 6
キ　支 7 滅裂
ク　8 天白日
ケ　千 9 一失
コ　朝令暮 10

う・かい・かっ
き・じょう・ぜ
せい・む・り
りょ

問2　次の11〜15の意味にあてはまるものを問1のア〜コの四字熟語から一つ選び、記号で答えよ。

11　方針が次々変わり定まらないこと。
12　物の本質は実体がないということ。
13　状況がつかめず方針が立たないこと。
14　ばらばらでまとまりがないこと。
15　心に後ろ暗いところがないこと。

解答

問1
1 有
2 割
3 霧
4 是
5 機
6 常
7 離
8 青
9 慮
10 改

問2
11 コ
12 エ
13 ウ
14 キ
15 ク

● 次の四字熟語について、問1と問2に答えよ。

問1 後の□内のひらがなを漢字にして1～12に入れ、四字熟語を完成せよ。□内のひらがなは一度だけ使うこと。

ア 天下[1]免
イ 変[2]自在
ウ 面目[3]如
エ 竜[4]蛇尾
オ 比[5]連理
カ [6]天動地
キ 前[7]洋洋
ク 昼夜[8]行
ケ 要[9]堅固
コ 脚下[10]顧
サ 有為転[11]
シ 電光[12]火

がい・きょう
けん・げん・ご
しょう・せっ・と
とう・へん・ぺん
やく・よく

問2 次の13～18の意味にあてはまるものを問1のア～シの四字熟語から一つ選び、記号で答えよ。

13 動作が非常に素早いたとえ。
14 最初の勢いが最後はなくなること。
15 世間をひどくびっくりさせること。
16 行く手が広々と広がるさま。
17 足元に注意せよ。
18 自由に現れたり消えたりすること。

解答

問1
1 御
2 幻
3 躍
4 頭
5 翼
6 驚
7 途
8 兼
9 害
10 照
11 変
12 石

問2
13 シ
14 エ
15 カ
16 キ
17 コ
18 イ

第20日(3)

書き取り

時間 20分 合格 35

得点 1回目 /50 2回目 /50

● 次の——線のカタカナを漢字に直せ。

1 打者イチジュンの猛攻が続く。
2 役人によるオショクが発覚した。
3 伝統的なガガクによる舞の披露。
4 徳川家のカモンは葵《あおい》である。
5 子どものカンセイが響いてくる。
6 人工カンミリョウは使わない。
7 キスウは二で割り切れない。
8 陰陽道《おんみょうどう》で北東の方角はキモンだ。
9 犯人のキョウキをたたき落す。
10 飛行機はギンヨクと呼ばれる。
11 親のケンイを示す必要がある。
12 葬式にコウデンを持っていく。
13 工場火災でコクエンが上がる。
14 今年のサクガラはまずまずだ。
15 友人にシゲキを受けて勉強する。
16 六代目のシュウメイ披露をする。
17 この雑誌はジュンカンである。
18 学術のシンコウを図るべきだ。
19 セイダク併せ呑《の》む度量が必要だ。
20 その分野でセンク的働きをした。
21 いつもこの教室はソウゾウしい。
22 家屋のソンカイ状況を報告する。

解答

1 一巡
2 汚職
3 雅楽
4 家紋
5 歓声
6 甘味料
7 奇数
8 鬼門
9 凶器
10 銀翼
11 権威
12 香典
13 黒煙
14 作柄
15 刺激
16 襲名
17 旬刊
18 振興
19 清濁
20 先駆
21 騒騒(々)
22 損壊

23 タイネツ性の高い素材を使う。
24 祖母のチエが詰まっている。
25 底に不純物がチンデンしている。
26 国民に人気のテツワンアトム。
27 民衆は救世主をカツボウした。
28 謹んでケイガを申し上げます。
29 老人からサシュするとはひどい。
30 ここの店内はいいフンイキだ。
31 ドンテンだが運動会は盛況だ。
32 転勤のため家をバイキャクした。
33 スイサイ画を描くのが趣味だ。
34 ヒナン経路を教えておく。
35 彼は他人のカンショウを嫌う。
36 父はホウガン投げの選手だった。

37 マンセイ疾患のため薬を飲む。
38 ユカシタ収納庫に保存する。
39 リコンする人が増えつつある。
40 あの二人はレンアイ関係にある。
41 野球選手はアシコシを鍛えよう。
42 オキアいにイカ釣り船が浮かぶ。
43 カれ枝を集めてたき火をする。
44 ユルやかなカーブを曲がる。
45 初めてのサワノボりに挑戦する。
46 老後の生活費をタクワえておく。
47 先生に意見をウカガう。
48 年齢とともに運動神経がニブる。
49 アサブクロに取れた芋を入れる。
50 コヨイは静かに音楽でも聴こう。

23 耐熱
24 知恵
25 沈殿
26 鉄腕
27 渇望
28 慶賀
29 詐取
30 雰囲気
31 曇天
32 売却
33 水彩
34 避難
35 干渉
36 砲丸

37 慢性
38 床下
39 離婚
40 恋愛
41 足腰
42 沖合
43 枯
44 緩
45 沢登
46 蓄
47 伺
48 鈍
49 麻袋
50 今宵

第21日 (1)

読み

時間 15分
合格 35

得点
1回目 /50
2回目 /50

● 次の——線の読みをひらがなで記せ。

1 誓約書にサインする。
2 壁に満遍なくペンキを塗る。
3 市民の公僕としての務め。
4 古くなった窓枠を取り替える。
5 彼は絵画史上傑出した存在だ。
6 大木の空洞に小動物が棲《す》む。
7 千円札偽造の犯人が捕まる。
8 厳粛な卒業式に臨席する。
9 昼間の駅は閑散としている。
10 警官が銃弾を発見した。
11 総理の官邸が公開される。
12 核兵器廃絶の運動に参加する。
13 父からの教訓を心に銘記する。
14 地租改正条例が公布される。
15 氷の融解熱を調べる実験をする。
16 葬儀はこちらの斎場で行われた。
17 寡少な兵力で戦っても勝てない。
18 凸版印刷で広告を作成する。
19 自叙伝に収められたエピソード。
20 彼は卓抜なアイデアを出した。
21 これは陳腐な趣向である。
22 台風で船が座礁しかけた。

解答

1 せいやく
2 まんべん
3 こうぼく
4 まどわく
5 けっしゅつ
6 くうどう
7 ぎぞう
8 げんしゅく
9 かんさん
10 じゅうだん
11 かんてい
12 はいぜつ
13 めいき
14 ちそ
15 ゆうかい
16 さいじょう
17 かしょう
18 とっぱん
19 じじょでん
20 たくばつ
21 ちんぷ
22 ざしょう

23 彼の懐柔策に引っかかる。
24 有名な画伯の作品を購入する。
25 植栽林の手入れが行き届かない。
26 慶祝行事が市の主催で行われる。
27 彼らの結婚により姻族となる。
28 彼女は恋人の死に号泣した。
29 業界に旋風を巻き起こす勢いだ。
30 寛容な心で相手を包み込む。
31 一部上場企業だから安心できる。
32 彼を失えば士気が阻喪する。
33 大金を恐喝した男が捕まる。
34 隣国からの書状を披見する。
35 法律を遵守する姿勢が大切だ。
36 この辺りは土壌が肥えている。

37 冬至にはゆずを浴槽に浮かべる。
38 丁寧におじぎをする。
39 累計赤字が一億円を超える。
40 甲子園で連覇を成し遂げる。
41 一枝の梅を手折り、瓶に挿す。
42 彼の生まじめな性格が好まれる。
43 仮名文字の美しい書を鑑賞する。
44 下品な行動は慎みたい。
45 飛び下りた拍子に足をくじいた。
46 隣の部屋から機織りの音が響く。
47 女性の柔肌を油絵に描く。
48 政治家の周りで疑惑が渦巻く。
49 祖父は安らかに逝った。
50 竹刀を使って素振りする。

---

23 かいじゅう
24 がはく
25 しょくさい
26 けいしゅく
27 いんぞく
28 ごうきゅう
29 せんぷう
30 かんよう
31 じょうじょう
32 そそう
33 きょうかつ
34 ひけん
35 じゅんしゅ
36 どじょう

37 よくそう
38 ていねい
39 るいけい
40 れんぱ
41 たお
42 き
43 かな
44 つつし
45 ひょうし
46 はたお
47 やわはだ
48 うずま
49 い
50 しない

第21日 (2)

部首、対義語・類義語

時間20分　合格31

得点
1回目　／44
2回目　／44

● 次の漢字の部首を記せ。

〈例〉菜［艹］　間［門］

1 賓
2 斉
3 主
4 歯
5 罷
6 累
7 妄
8 刃
9 栽
10 葬
11 唇
12 衷
13 奪
14 報
15 挙
16 虜
17 肖
18 伐
19 具
20 暦
21 雅
22 庶
23 療
24 殿

解答

1 貝
2 斉
3 丶
4 歯
5 罒
6 糸
7 女
8 刀
9 木
10 艹
11 口
12 衣
13 大
14 土
15 手
16 虍
17 肉
18 亻
19 八
20 日
21 隹
22 广
23 疒
24 殳

●次の1～10の対義語、11～20の類義語を下の□の中から選び、漢字で記せ。□の中の語は一度だけ使うこと。

対義語

1 快諾
2 架空
3 閑暇
4 暫時
5 疎遠
6 断念
7 騰貴
8 漠然
9 罷免
10 偏屈

類義語

11 火急
12 勲功
13 将来
14 卓絶
15 披露
16 憤慨
17 盲点
18 留意
19 左遷
20 辛抱

がまん・げきど
げらく・こうかく
こうきゅう・こうひょう
こじ・しかく
じつざい・しゅうちゃく
しんみつ・すなお
せっぱく・ぜんと
せんめい・たぼう
てがら・にんめい
はいりょ・ばつぐん

解答

1 固辞
2 実在
3 多忙
4 恒久
5 親密
6 執着
7 下落
8 鮮明
9 任命
10 素直

11 切迫
12 手柄
13 前途
14 抜群
15 公表
16 激怒
17 死角
18 配慮
19 降格
20 我慢

第21日 (3)

書き取り

時間20分 合格35

● 次の——線のカタカナを漢字に直せ。

1 イドは赤道を基準にして求める。
2 彼の唯一のオテンといえる失態。
3 賃金のカクサを是正すべきだ。
4 カジョウ書きにして提出せよ。
5 大規模なカンタクが行われた地。
6 彼はたまにキイな服装をする。
7 図書館に本をキゾウする。
8 もっとキビンに行動しなさい。
9 テレビドラマのキャクホン家。
10 キョタイを揺する象。
11 実家はケンギョウ農家である。
12 学校の将来をコウハイに託す。
13 独裁者が権力をコジし続けた。
14 江戸時代サコクをしていた日本。
15 テレビの実況チュウケイを見る。
16 富士のシュウレイな姿を眺める。
17 臨時国会がショウシュウされた。
18 両親のシンシツとして使う部屋。
19 セイレキ二〇〇〇年以降の経済。
20 ここはセンジョウチである。
21 五十歳でソウモンに入った。
22 ソッコウ性のある薬を服用する。

得点 1回目 /50 2回目 /50

解答

1 緯度 2 汚点 3 格差 4 箇条 5 干拓 6 奇異 7 寄贈 8 機敏 9 脚本 10 巨体 11 兼業
12 後輩 13 誇示 14 鎖国 15 中継 16 秀麗 17 召集 18 寝室 19 西暦 20 扇状地 21 僧門 22 即効

23 彼は神をスウハイしている。
24 会社のダツゼイが明るみに出る。
25 少年時代をツイオクした書物。
26 不正をテキハツする仕事をする。
27 彼の功績はケンショウに値する。
28 王のチョクレイは絶対だ。
29 質問に対してテイネイに答える。
30 激しい戦闘の末ホリョとなる。
31 朝、腹部にドンツウが走った。
32 大臣のバクダン発言に驚く。
33 大きなハクシュが起こる。
34 ハンボウを極めた生活をする。
35 フウシ漫画を新聞に連載する。
36 攻撃は最大のボウギョである。

37 戦地でホウカをくぐり抜ける。
38 これはアルカリ性のヨウエキだ。
39 一晩中ライメイがとどろく。
40 リンセツする町村が合併する。
41 その商品はアツカっていない。
42 父はオコるととても恐い。
43 乳母車をオして買い物に行く。
44 この峠をコえると故郷に入る。
45 庭のシキイシに毎朝水をかける。
46 徹夜の仕事をしてツカれ果てた。
47 大きなマグロをトらえて喜ぶ。
48 祖父は大豆を二るのがうまい。
49 新記録にイドむ選手を応援する。
50 見た目だけでアナドると失敗する。

23 崇拝　24 脱税　25 追憶　26 摘発　27 顕彰　28 勅令　29 丁寧　30 捕虜　31 鈍痛　32 爆弾　33 拍手　34 繁忙　35 風刺　36 防御

37 砲火　38 溶液　39 雷鳴　40 隣接　41 扱　42 怒　43 押　44 越　45 敷石　46 疲　47 捕　48 煮　49 挑　50 侮

第22日 (1) 読み

時間 15分 合格 35

得点 1回目 /50 2回目 /50

● 次の――線の読みをひらがなで記せ。

1 摩滅した貨幣が流通する。
2 ここを訪れる人は逓増している。
3 猿人は直立姿勢で生活した。
4 廃屋を建て直す。
5 新しい仕事が軌道に乗り始める。
6 同志を糾合して党を起こす。
7 祖父から囲碁を習い興味を持つ。
8 公共の場所には嫌煙権がある。
9 祖母は長年、寡婦として生きた。
10 それは人倫にもとる行為だ。
11 不況の波に押され、解雇される。
12 今回の彼の行動には幻滅した。
13 彼の親族に弔意を表す。
14 風邪をひいたので受診する。
15 この際、抜本的な改革が必要だ。
16 上海《シャンハイ》に創設された租界。
17 巧妙な手口で商品を詐取する。
18 険しい山道に難渋している。
19 しなやかな肢体が自慢の若者。
20 肺炎を併発して重体に陥る。
21 恐竜が生きていた時代の化石。
22 昇降口で上履きに履き替える。

解答

1 まめつ
2 ていぞう
3 えんじん
4 はいおく
5 きどう
6 きゅうごう
7 いご
8 けんえん
9 かふ
10 じんりん
11 かいこ
12 げんめつ
13 ちょうい
14 じゅしん
15 ばっぽん
16 そかい
17 さしゅ
18 なんじゅう
19 したい
20 へいはつ
21 きょうりゅう
22 しょうこう

133 第22日 (1) 読　み

23 父は還暦を迎え、さらに元気だ。
24 祖父は国から勲章をいただいた。
25 食べ物が腐敗して悪臭がする。
26 惰力で動くおもちゃを開発する。
27 海浜に広がる汚染をくい止める。
28 追慕の念が募り、悲しみが増す。
29 多忙で家庭を顧みる余裕がない。
30 黒部《くろべ》峡谷の壮大な景観を楽しむ。
31 購買力を発揮して商品を買う。
32 処分の撤回を求めて交渉する。
33 建物が老朽化したので改築した。
34 今日の収入は二人で折半しよう。
35 彼と私の成績は紙一重の差だ。
36 京都の寺院で精進料理を味わう。

37 出納簿をつけて経理を預かる。
38 小豆がゆで米の豊凶を占う。
39 犠牲を強いることはしない。
40 役員会に諮って決定する。
41 よく熟れたバナナを食べる。
42 惜しくも試合に敗れてしまう。
43 朗らかな笑い声があふれた。
44 屋根の傷みがひどく修理する。
45 背丈は君と同じくらいだ。
46 彼のヒットでリードを奪った。
47 口幅ったいことを言いました。
48 和をもって貴しとなす。
49 黄金色に染まった稲田を眺める。
50 日本髪を結うのは時間がかかる。

23 かんれき
24 くんしょう
25 あくしゅう
26 だりょく
27 かいひん
28 ついぼ
29 かえり
30 きょうこく
31 こうばい
32 こうしょう
33 ろうきゅう
34 せっぱん
35 かみひとえ
36 しょうじん

37 すいとう
38 あずき
39 し
40 はか
41 う
42 お
43 ほが
44 いた
45 せたけ
46 うば
47 くちはば
48 たっと(とうと)
49 こがね(おうごん)
50 ゆ

第22日 (2)

同音・同訓異字、誤字訂正

時間 20分
合格 20

得点
1回目 /28
2回目 /28

● 次の――線のカタカナを漢字に直せ。

1 取り引き先とケイ約を結ぶ。
2 たびたび恩ケイに浴する。
3 市内をジュン回する。
4 あなたの話は矛ジュンしている。
5 祖父は生スイの江戸っ子だ。
6 傍線をスイ直に引く。
7 彼がホしがっていた洋服だ。
8 きれいな模様がホられた額縁。
9 湖ハンのホテルに宿泊する。
10 コーチが模ハン演技をする。
11 恐フの表情を浮かべる。
12 新しい鉄道がフ設された。
13 土地の一部がカツ譲される。
14 彼女はカツ動的なタイプだ。
15 みんなで記念写真をトる。
16 数年ぶりに新卒者をトる。

解答

1 契
2 恵
3 巡
4 盾
5 粋
6 垂
7 欲
8 彫
9 畔
10 範
11 怖
12 敷
13 割
14 活
15 撮
16 採

●次の各文にまちがって使われている同じ読みの漢字が一字ある。上に誤字を、下に正しい漢字を記せ。

1 彼は能力の限界で働いており、これ以上の負貨は掛けられない。

2 奇妙な手法と誤解されるが、彼独特の流義があってのことだ。

3 新製品の販売網を整備するため、新たな販売距点を設けたい。

4 このお化け屋敷には精巧な仕掛けが多くて、皆恐怖のあまり絶凶する。

5 事件が故張されて伝わり、興味本位で事実無根の風評が流れた。

6 賃貸契約を向新するには、大家への謝礼を支払うと約束している。

7 被災地への救援物資の輸送方法と支援索を諮る会議を招集したい。

8 いかに景気を肢激するかは、地方公共団体にとって死活問題だ。

9 都市と比較して交通機関の乏しい田舎では自家用車は必受品である。

10 実家は空港の近くにあり、飛行機が離着陸する燥音に悩まされた。

11 事件の当事者による責任を回秘する発言は絶対に許されない。

12 責任感が極めて強い彼は心身共に被労が重なり緊急入院した。

解答

1 貨・荷　2 義・儀　3 距・拠　4 凶・叫　5 故・誇　6 向・更

7 索・策　8 肢・刺　9 受・需　10 燥・騒　11 秘・避　12 被・疲

第22日(3)

書き取り

時間20分　合格35

得点　1回目　/50　2回目　/50

● 次の——線のカタカナを漢字に直せ。

1 アラリョウジで会社を再建する。
2 記念行事のイッカンとして行う。
3 ジュインでしばらく休む。
4 工場からのエンガイに苦しむ。
5 窮地に陥りエングンを頼む。
6 ガイジュを期待して輸出した品。
7 商談は良いカンショクであった。
8 しばらくごカンダンください。
9 心のキンセンに触れる言葉。
10 工場はキュウミン状態に入った。
11 ヤモリはキュウバンではりつく。
12 ギョウギが悪いと叱《しか》られる。
13 ここはギョエイの濃い海域だ。
14 浜辺で破れたギョモウを繕う。
15 この対応には大変クリョした。
16 彼の態度にゲキドした。
17 これはケンゴな作りの建物だ。
18 他人からコウキの目で見られる。
19 太陽はコウセイの一つである。
20 会話はゴビまではっきり言おう。
21 ゴジョ組合の活動が盛んだ。
22 鳥取サキュウを見学に行った。

解答

1 荒療治
2 一環
3 樹陰
4 煙害
5 援軍
6 外需
7 感触
8 歓談
9 琴線
10 休眠
11 吸盤
12 行儀
13 魚影
14 漁(魚)網
15 苦慮
16 激怒
17 堅固
18 好奇
19 恒星
20 語尾
21 互助
22 砂丘

23 ジカイの念を忘れず生きてきた。

24 社長は今シツム中である。

25 相手のシュウゲキをかわす。

26 牛乳ビンを回収する。

27 裏切り者をシュクセイする。

28 手紙をフウトウに入れる。

29 外国のヒンカクをもてなす。

30 あらゆるケースをモウラする。

31 波のシンショク作用でできた岩。

32 昆虫ズカンを見るのが好きだ。

33 セイセン食料品を扱う店に行く。

34 ゼント多難だが努力しよう。

35 理論をジッセン的に裏づける。

36 宿敵をダトウするまで頑張ろう。

37 動物園の珍しいチョウジュウ。

38 化粧品のコウリョウを開発する。

39 内臓にできたトッキ物の検査。

40 金づちはドンキの一つだ。

41 医者は縫合箇所のバッシをした。

42 ヒサイ地の人々の苦労を思う。

43 父はビョウショウでも句作した。

44 両国の争いはフカヒの状況だ。

45 重要なところにボウセンを引け。

46 モウレツな勢力で上陸した台風。

47 いつまでもユウエツ感に浸るな。

48 あまりにリフジンな対応であった。

49 ミニクい争いはもうやめよう。

50 やぶをつついてヘビを出す。

---

23 自戒
24 執務
25 襲撃
26 瓶
27 粛清
28 封筒
29 賓客
30 網羅
31 浸食
32 図鑑
33 生鮮
34 前途
35 実践
36 打倒

37 鳥獣
38 香料
39 突起
40 鈍器
41 抜糸
42 被災
43 病床
44 不可避
45 傍線
46 猛烈
47 優越
48 理不尽
49 醜
50 蛇

第23日 (1)

読み

時間15分 合格35

得点 1回目 /50 2回目 /50

● 次の——線の読みをひらがなで記せ。

1 彼は世界記録を更新した。
2 迷妄を破る強い意志を持ちたい。
3 海岸沿いの洞門を通り抜ける。
4 原野を開墾して住居を構えた。
5 あの方には洪恩がある。
6 この車には欠陥があったようだ。
7 地下鉄内で異臭騒ぎが起こる。
8 冷蔵庫の野菜が腐敗している。
9 彼の作品は佳作として入賞した。
10 浄財を寺社に喜捨する。
11 横着な態度は皆の反感を買う。
12 川はこの地点から蛇行している。
13 酔狂にも程がある行為だ。
14 祖母の納棺の儀式に立ち会う。
15 食器を煮沸消毒して使用する。
16 ヘリコプターが墜落した現場。
17 遭難者を助ける救命艇が出た。
18 痴漢にあったら大声で叫ぼう。
19 部下を酷使してはならない。
20 講義の要点を抄録して残す。
21 殉教者の功績が残されている。
22 事故の遺族に弔慰金が贈られる。

解答

1 こうしん
2 めいもう
3 どうもん
4 かいこん
5 こうおん
6 けっかん
7 いしゅう
8 ふはい
9 かさく
10 きしゃ
11 おうちゃく
12 だこう
13 すいきょう
14 のうかん
15 しゃふつ
16 ついらく
17 きゅうめいてい
18 ちかん
19 こくし
20 しょうろく
21 じゅんきょう
22 ちょういきん

23 朝食用の食パンを一斤購入する。
24 暫定的な取り決めとしておく。
25 せっかくの機会を逸してしまう。
26 租税法を定めて義務づける。
27 父は頑として応じなかった。
28 名人の対局を棋譜に残す。
29 日頃《ごろ》のご厚情に感謝します。
30 命を懸けて君を守るつもりだ。
31 祖父は相手の顔を凝視していた。
32 彼に対して嫌悪感を持っている。
33 チンパンジーは類人猿の仲間だ。
34 川の浅瀬で水遊びを楽しむ。
35 どうしても該当者が見つからぬ。
36 車が緩やかなカーブに入る。

37 炭窯で上質の備長炭《びんちょうたん》を製造する。
38 升席で大相撲を観戦する。
39 記憶を手繰り、過去を思い出す。
40 植えたばかりの早苗が揺れる。
41 彼の早業に驚きの声を上げた。
42 氏神をまつり家族の安泰を祈る。
43 日々練習に励むことが大切だ。
44 母が包丁を研いでいる。
45 かわいい革靴を履いて出かける。
46 自家製の梅酢で漬物を作る。
47 声色を変えて他人のまねをする。
48 今日は祖父の祥月命日だ。
49 年老いて体力も衰えた。
50 彼岸には先祖を供養する。

---

23 きん
24 ざんてい
25 いっ
26 そぜい
27 がん
28 きふ
29 こうじょう
30 か
31 ぎょうし
32 けんお
33 るいじんえん
34 あさせ
35 がいとう
36 ゆる

37 すみがま
38 ますせき
39 たぐ
40 さなえ
41 はやわざ
42 うじがみ
43 はげ
44 と
45 かわぐつ
46 うめず
47 こわいろ
48 しょうつき
49 おとろ
50 くよう

第23日 (2)

四字熟語

時間 20分
合格 24

得点
1回目 /33
2回目 /33

● 次の四字熟語について、問1と問2に答えよ。

問1 後の□内のひらがなを漢字にして1〜10に入れ、四字熟語を完成せよ。□内のひらがなは一度だけ使うこと。

ア 尋常一 1
イ 人面 2 心
ウ 百 3 夜行
エ 粒粒辛 4
オ 良風美 5
カ 和敬清 6
キ 悪逆無 7
ク 一衣 8 水
ケ 音 9 朗朗
コ 快 10 乱麻

き・く・じゃく
じゅう・ぞく
たい・と・とう
どう・よう

問2 次の11〜15の意味にあてはまるものを問1のア〜コの四字熟語から一つ選び、記号で答えよ。

11 冷酷な者をののしって言う語。
12 声が豊かで滞りなく出ること。
13 乱暴で道理にはずれたこと。
14 成就を目指しこつこつ努力すること。
15 大人数が怪しく醜い行いをすること。

解答

問1
1 様
2 獣
3 鬼
4 苦
5 俗
6 寂
7 道
8 帯
9 吐
10 刀

問2
11 イ
12 ケ
13 キ
14 エ
15 ウ

● 次の四字熟語について、問1と問2に答えよ。

問1 後の□内のひらがなを漢字にして1～12に入れ、四字熟語を完成せよ。□内のひらがなは一度だけ使うこと。

ア 一知半 1
イ 佳人 2 命
ウ 気 3 壮大
エ 金城鉄 4
オ 周知徹 5
カ 少壮気 6
キ 浅学 7 才
ク 全知全 8
ケ 沈思 9 考
コ 不 10 不離
サ 半 11 半疑
シ 千差 12 別

う・えい・かい
しん・そく・てい
のう・はく・ばん
ひ・ぺき・もっ

問2 次の13～18の意味にあてはまるものを問1のア～シの四字熟語から一つ選び、記号で答えよ。

13 つかずはなれずの二つの関係。
14 若くて意気込みがあること。
15 本当かどうか信じ切れない様子。
16 心が広いこと。
17 きわめて堅固な物事のたとえ。
18 中途半端でなまかじりなこと。

解答

問1
1 解
2 薄
3 宇
4 壁
5 底
6 鋭
7 非
8 能
9 黙
10 即
11 信
12 万

問2
13 コ
14 カ
15 サ
16 ウ
17 エ
18 ア

第23日(3)　書き取り

時間 20分　合格 35

得点　1回目 /50　2回目 /50

● 次の――線のカタカナを漢字に直せ。

1 イギョウを成し遂げた先人。
2 向こうにイッケンヤがある。
3 古いインシュウから抜け出した。
4 エンウで街がかすんで見える。
5 チームのオウエンに駆けつける。
6 絶対にガイハクは許可をしない。
7 カンセイトウからの指示で飛ぶ。
8 この件には一切カンヨしない。
9 キジョウな性格が災いした。
10 ゲンコウを執筆する。
11 生活のキバンを固めるべきだ。
12 キョウゴウが集まる記念大会。
13 村一番のキョカンで力持ちの男。
14 酒に酔ってシュウタイをさらす。
15 ゲイゲキミサイルの準備をする。
16 便秘のためにゲザイを飲んだ。
17 自説をケンジして譲らない。
18 一面に沈丁花《じんちょうげ》のコウキが漂う。
19 コウソウが書いた色紙をもらう。
20 これは捕獲禁止のチンジュウだ。
21 両者の力にサイは認められない。
22 いかにもサクイ的な行動だ。

解答

1 偉業　2 一軒家　3 因襲(習)　4 煙雨　5 応援　6 外泊　7 管制塔　8 関与　9 気丈　10 原稿　11 基盤

12 強豪　13 巨漢　14 醜態　15 迎撃　16 下剤　17 堅持　18 香気　19 高僧　20 珍獣　21 差違(異)　22 作為

23 我が町のシセキを紹介した地図。
24 書道のシハン免許をとった。
25 素朴でジュウジュンな人々。
26 剣岳《つるぎだけ》のシュウホウが見える。
27 船がガンショウに乗り上げる。
28 セットウの罪で罰せられる。
29 彼は両親をフヨウしている。
30 医者がカンジャに問診を行う。
31 ジンジョウな方法では成功せぬ。
32 スンインを惜しんで仕事をした。
33 あなたのセイメイを書きなさい。
34 一人で座席をセンリョウするな。
35 週の半分はベッタクで過ごす。
36 コンピュータのタンマツ機。

37 敵のチョウハツには乗らない。
38 問題の責任をツイキュウする。
39 急な話だったのでトウワクした。
40 国が出版する統計ネンカン。
41 ハンザツな作業が続く仕事。
42 ヒシャタイとしては素晴らしい。
43 空気中のビリュウシを調べた。
44 会社のフチンにかかわる交渉だ。
45 クラブの練習でサコツを折った。
46 軽くモクレイをする。
47 幼稚園児がおユウギをしている。
48 レイキャク装置が故障した。
49 会場は興奮のウズとなった。
50 かなり彼女にミツいだそうだ。

23 史跡 24 師範 25 従順 26 秀峰 27 岩礁 28 窃盗 29 扶養 30 患者 31 尋常 32 寸陰 33 姓名 34 占領 35 別宅 36 端末

37 挑発 38 追及 39 当惑 40 年鑑 41 繁(煩)雑 42 被写体 43 微粒子 44 浮沈 45 鎖骨 46 黙(目)礼 47 遊戯 48 冷却 49 渦 50 貢

第24日 (1)

読み

時間 15分
合格 35

得点
1回目 ／50
2回目 ／50

● 次の——線の読みをひらがなで記せ。

1 お世話になった方へのお歳暮。
2 他薦でも受けつける。
3 自作の短歌を皆の前で吟じる。
4 光沢のある紙に印刷する。
5 意思の疎通を図る必要がある。
6 とうとう最下位に陥落した。
7 彼の兄は周旋業を営んでいる。
8 競艇場でモーターボートが走る。
9 亜熱帯の地域に育つ果物である。
10 今年の夏は酷暑であった。
11 不正な行為に義憤を覚える。
12 ハチドリは鳥媒花の花粉を運ぶ。
13 昔の郵便事業は逓信省の管轄だ。
14 私の学校は全寮制である。
15 任務を無事遂行し満足感を得た。
16 火事の原因は漏電らしい。
17 彼は穏健な考えを持っている。
18 明治維新の元勲として働いた。
19 彼が仲介して取り引きを行った。
20 そろそろ真骨頂を発揮する番だ。
21 問題に迅速に対応する。
22 実権を掌握し国を治める。

解答

1 せいぼ
2 たせん
3 ぎん
4 こうたく
5 そつう
6 かんらく
7 しゅうせん
8 きょうてい
9 あねったい
10 こくしょ
11 ぎふん
12 ちょうばいか
13 ていしん
14 ぜんりょうせい
15 すいこう
16 ろうでん
17 おんけん
18 げんくん
19 ちゅうかい
20 しんこっちょう
21 じんそく
22 しょうあく

23 精進潔斎をして神事を待つ。
24 化繊でできた服を着用する。
25 後悔してももう元へは戻らない。
26 この件が実現すれば本望だ。
27 バターは、牛酪とも言われる。
28 残念だが、君の意見は廃案だ。
29 彼の父は金融機関に勤めている。
30 懐石料理で客をもてなす。
31 開会式で優勝旗を返還する。
32 鶏卵を使って料理をする。
33 少尉は軍隊の階級の一つだ。
34 急な話だが、了承してほしい。
35 祖父は毎夜、泡盛を飲む。
36 南部鉄《なんぶてつ》でできた風鈴をつるす。

37 毎日の日記を怠らずにつける。
38 甘い食べ物を控える。
39 私は運動神経が鈍いのが欠点だ。
40 この寺は江戸期に建立された。
41 洋服を縫うため、布を裁つ。
42 面長な顔をした紳士と出会う。
43 料理は薄味の方が体に良い。
44 牛肉を塊のまま購入する。
45 山羊《やぎ》の乳搾りは子どもの仕事だ。
46 寺の境内で子どもたちが遊ぶ。
47 老若男女を問わず、参加を募る。
48 遭難した仲間を命懸けで助ける。
49 祖母に修学旅行の土産を届ける。
50 白髪交じりの紳士がやってきた。

---

23 けっさい
24 かせん
25 こうかい
26 ほんもう
27 ぎゅうらく
28 はいあん
29 きんゆう
30 かいせき
31 へんかん
32 けいらん
33 しょうい
34 りょうしょう
35 あわもり
36 ふうりん

37 おこた
38 ひか
39 にぶ
40 こんりゅう
41 た
42 おもなが
43 うすあじ
44 かたまり
45 しぼ
46 けいだい
47 ろうにゃく
48 いのちが
49 みやげ
50 しらが

第24日 (2)

部首、対義語・類義語

時間 20分
合格 31
得点
1回目 /44
2回目 /44

● 次の漢字の部首を記せ。

〈例〉 菜 〔艹〕 間 〔門〕

1 響
2 輝
3 涯
4 悠
5 罰
6 索
7 窓
8 姿
9 案
10 徹
11 茎
12 吏
13 問
14 憂
15 裂
16 奔
17 努
18 堂
19 酢
20 免
21 放
22 常
23 真
24 前

解答

1 音
2 車
3 氵
4 心
5 罒
6 糸
7 穴
8 女
9 木
10 彳
11 艹
12 口
13 口
14 心
15 衣
16 大
17 力
18 土
19 酉
20 儿
21 攵
22 巾
23 目
24 刂

● 次の1〜10の対義語、11〜20の類義語を下の□の中から選び、漢字で記せ。□の中の語は一度だけ使うこと。

対義語

1 開設
2 緩慢
3 供述
4 豪華
5 漆黒
6 借用
7 専任
8 蛇行
9 逃亡
10 忘却

類義語

11 道端
12 核心
13 時流
14 進呈
15 担保
16 動転
17 入念
18 抜群
19 発祥
20 無視

きおく・きげん
きぞう・ぎょうてん
くっし・けんむ
こんかん・しゅうとう
じゅんぱく・ちょくしん
ついせき・ていとう
ひんじゃく・びんそく
ふうちょう・へいさ
へんきゃく・もくさつ
もくひ・ろぼう

解答

1 閉鎖
2 敏速
3 黙秘
4 貧弱
5 純白
6 返却
7 兼務
8 直進
9 追跡
10 記憶

11 路傍
12 根幹
13 風潮
14 寄贈
15 抵当
16 仰天
17 周到
18 屈指
19 起源(原)
20 黙殺

第24日(3)

書き取り

時間20分　合格35

得点　1回目　/50　2回目　/50

● 次の――線のカタカナを漢字に直せ。

1 父親のイゲンを保つ。
2 イヨウを誇る富士山が見える。
3 彼はエイビンな感覚の持ち主だ。
4 エンダンがまとまる。
5 オカシラつきの鯛《たい》で還暦を祝う。
6 カンキン状態から解放された。
7 隣国の王からカンタイを受けた。
8 キカガク模様が美しい建物だ。
9 戦争のキズアトが今も残る。
10 キュウケツキの伝説が残る北欧。
11 世界平和にキヨしていきたい。
12 前をギョウシしたまま動かない。
13 おいしいギョクロを召し上がれ。
14 その程度ではクップクしないよ。
15 全力をケイチュウして頑張る。
16 試合をやむなくキケンする。
17 ケンゴウとして有名な宮本武蔵《みやもとむさし》。
18 会のコウケイ者と目される人物。
19 コウタイを持たないと発病する。
20 名誉を傷つけられコクソした。
21 天窓からサイコウした部屋。
22 アンカーが全力シッソウする。

解答

1 威厳　2 偉(威)容　3 鋭敏　4 縁談　5 尾頭　6 監禁　7 歓(款)待　8 幾何学　9 傷跡　10 吸血鬼　11 寄与

12 凝視　13 玉露　14 屈服　15 傾注　16 棄権　17 剣豪　18 後継　19 抗体　20 告訴　21 採光　22 疾走

23 初代シッケンとなった北条時政《ほうじょうときまさ》。
24 シャゲキの訓練場がある町。
25 彼の話はシュウショク語が多い。
26 ジュクリョしたうえで行動せよ。
27 コンイン届けを市役所に出す。
28 犯人に向かってイカク射撃をする。
29 自費出版の本をキンテイする。
30 きれいなシンジュの首飾りだ。
31 何事にもシンケンに取り組む。
32 敵をセイアツするまで戦おう。
33 セキサイ量を超えると違反だ。
34 民衆にセンレツな印象を与えた。
35 石に刻んだ字をタクホンにした。
36 煉瓦《れんが》造りのダンヤク庫が残る。

37 ボーナスはすべてチョチクする。
38 軽やかなツヅミの音が聞こえる。
39 通勤のトジョウで事故にあった。
40 ノウシュクジュースを製造する。
41 判事はヒコクに厳しく注意した。
42 ウイルスなどビセイブツの研究。
43 高い建物の上にあるヒライシン。
44 大量の水をフンシャさせる。
45 ガソリンをホキュウしよう。
46 美しいモンヨウが施された布。
47 彼のユウシを一目見てみたい。
48 レッセイながら勝利したチーム。
49 この仕事に命をカける覚悟だ。
50 ツタナい話で申し訳ありません。

---

23 執権
24 射撃
25 修飾
26 熟慮
27 婚姻
28 威嚇
29 謹呈
30 真珠
31 真剣
32 制圧
33 積載
34 鮮烈
35 拓本
36 弾薬

37 貯蓄
38 鼓
39 途上
40 濃縮
41 被告
42 微生物
43 避雷針
44 噴射
45 補給
46 紋(文)様
47 勇(雄)姿
48 劣勢
49 懸
50 拙

第25日 (1)

読み

時間 15分
合格 35

得点
1回目 /50
2回目 /50

● 次の――線の読みをひらがなで記せ。

1 祖父は戦争中、虜囚となった。
2 急患を受けつけ、治療にあたる。
3 この書物の装丁は素晴らしい。
4 懸賞に当選し賞品を手に入れる。
5 食品の産地表示を偽装する。
6 彼は高尚な趣味を持っている。
7 向こうに荒廃した古寺がある。
8 安逸に日を過ごしてはいけない。
9 どうぞ拙宅にお越しください。
10 里芋は塊茎に養分を蓄積する。
11 当初の目標を完遂できた。
12 放置自転車を撤去する。
13 苦吟してできた作品を披露する。
14 拾得物は交番に届けよう。
15 脱獄囚が再び捕らえられる。
16 合従連衡して敵にあたる。
17 彼の考え方がよく浸透している。
18 部下を督励し、士気を高める。
19 芝生の上で四肢を投げ出す。
20 炉端焼きをふるまう店である。
21 下僕として主に仕える。
22 語弊があるかもしれない。

解答

1 りょしゅう
2 きゅうかん
3 そうてい
4 けんしょう
5 ぎそう
6 こうしょう
7 こうはい
8 あんいつ
9 せったく
10 かいけい
11 かんすい
12 てっきょ
13 くぎん
14 しゅうとくぶつ
15 だつごくしゅう
16 がっしょうれんこう
17 しんとう
18 とくれい
19 しし
20 ろばた
21 げぼく
22 ごへい

23 哀惜の念に堪えない友との別れ。
24 町には廃坑となった鉱山がある。
25 丘陵の広がる風景を眺める。
26 晩酌の酒を徳利に入れる。
27 祖父は以前公爵の地位にあった。
28 国民に勅旨が伝えられる。
29 彼は率先して練習を始めた。
30 あんな侮言は決して許せない。
31 新しい貨幣を鋳造する。
32 抹茶に熱湯を注ぎ、かき混ぜる。
33 祖父の遺言状を開封する。
34 氷水に手を浸して炎症を冷やす。
35 慌ただしい毎日を過ごす。
36 卸値で購入したので、安かった。

37 浄化槽の点検が行われる。
38 今日はお茶漬けが食べたい。
39 彼も一緒に来るように促す。
40 鉛筆をナイフで削る。
41 茶渋のついた湯飲みを洗う。
42 夏の夕方、蚊柱を見た。
43 老人の憩いの場としての施設。
44 ここまでやれば悔いはない。
45 気持ちを抑えて落ち着こう。
46 心が癒やされる音楽だ。
47 素足のままで飛び出した。
48 寂として声なく、実にわびしい。
49 立ち退きを命じられ、引っ越す。
50 五月晴れの中、遠足に行く。

---

23 あいせき
24 はいこう
25 きゅうりょう
26 ばんしゃく
27 こうしゃく
28 ちょくし
29 そっせん
30 ぶげん
31 ちゅうぞう
32 まっちゃ
33 ゆいごん
34 ひた
35 あわ
36 おろしね

37 じょうかそう
38 ちゃづ
39 うなが
40 けず
41 ちゃしぶ
42 かばしら
43 いこ
44 く
45 おさ
46 い
47 すあし
48 せき
49 た(ち)の(き)
50 さつきば

第25日 (2)

熟語の構成、漢字と送りがな

時間20分
合格28

得点
1回目 /40
2回目 /40

● 熟語の構成のしかたには次のようなものがある。

ア 同じような意味の漢字を重ねたもの (岩石)
イ 反対または対応の意味を表す字を重ねたもの (高低)
ウ 上の字が下の字を修飾しているもの (洋画)
エ 下の字が上の字の目的語・補語になっているもの (着席)
オ 上の字が下の字の意味を打ち消しているもの (非常)

次の熟語は右のア〜オのどれにあたるか、一つ選び、記号で答えよ。

1 雅俗
2 嫌煙
3 勧奨
4 楽譜
5 不浄
6 駐屯
7 免疫
8 吉凶
9 造幣
10 弦楽
11 推奨
12 上棟
13 否認
14 独酌
15 早晩

解答
1 イ
2 エ
3 ア
4 ウ
5 オ
6 ア
7 エ
8 イ
9 エ
10 ウ
11 ア
12 エ
13 オ
14 ウ
15 イ

● 次の――線のカタカナを漢字一字と送りがな（ひらがな）に直せ。

〈例〉 問題にコタエル。 答える

1 正面玄関を花でカザル。
2 核心にセマル問題提起だ。
3 娘にすべての愛情をカタムケル。
4 それはスルドイ指摘だ。
5 包丁の切れ味がニブクなった。
6 長時間、雷鳴がヒビキわたった。
7 寒さでフルエル手を温めた。
8 環境をメグル諸課題がある。
9 メズラシイ人が訪ねてきた。
10 知事に住民の窮状をウッタエル。
11 君の知識のなさにオドロイた。
12 害虫にやられて木がカレル。
13 事件のクワシイ背景を調べる。
14 この件はサラニ調査願いたい。
15 資源確保のため魚礁をシズメル。
16 食糧のタクワエが底をついた。
17 駅までの道をタズネル。
18 長年営んできた店をタタンだ。
19 息子はご機嫌がナナメだ。
20 手に汗をニギル場面となった。
21 答えに窮して言葉をニゴス。
22 イソガシイ日々を送っている。
23 夢をエガクことは楽しい。
24 彼は信頼の厚いエライ人だ。
25 罪をオカシた人を許せない。

解答

1 飾る
2 迫る
3 傾ける
4 鋭い
5 鈍く
6 響き
7 震える
8 巡る
9 珍しい
10 訴える
11 驚い
12 枯れる
13 詳しい
14 更に
15 沈める
16 蓄え
17 尋ねる
18 畳ん
19 斜め
20 握る
21 濁す
22 忙しい
23 描く
24 偉い
25 犯し

第25日(3) 書き取り

時間 20分　合格 35

得点　1回目 /50　2回目 /50

● 次の——線のカタカナを漢字に直せ。

1 密輪団をイチモウ打尽にする。
2 イリョクのあるパンチで倒す。
3 疲労回復のためのエイヨウザイ。
4 エンチョクの方向に線を下ろす。
5 このホールはオンキョウがいい。
6 カンゲンにのってはいけない。
7 ガンバンが硬くて掘りにくい。
8 彼は月刊誌にキコウしている。
9 長い旅を終えてキトについた。
10 キュウダイ点をもらった作品。
11 ビルの屋上までのギョウカク。
12 引っ越した友とソエンになる。
13 釣った魚をギョタクにする。
14 太平洋上で敵艦をゲキチンした。
15 進退問題にまでゲンキュウする。
16 医師が執筆業をケンショクする。
17 コウジョウ的に続くことはない。
18 コウハンにわたる活動をする。
19 庭の老松がコシしてしまった。
20 座長をゴセンすることとした。
21 シウンに乗って仏が来迎《ごう》する。
22 ジツダンの入った拳《けん》銃。

解答

1 一網　2 威力　3 栄養剤　4 鉛直　5 音響　6 甘言　7 岩盤　8 寄稿　9 帰途　10 及第　11 仰角

12 疎遠　13 魚拓　14 撃沈　15 言及　16 兼職　17 恒常　18 広範　19 枯死　20 互選　21 紫雲　22 実弾

23 シュイロの絵の具を買いに行く。
24 村のシュウゾクとして残る。
25 彼はかなりのシュセンドだ。
26 相撲の地方ジュンギョウを見る。
27 日本国憲法のスウコウな理想。
28 彼は大きな商家のチャクナンだ。
29 カントクの推薦で正選手になる。
30 食品の偽装にフンガイする。
31 月曜日の市場はセイキョウだ。
32 センタン技術の研究に携わる。
33 美しいコハンの風景を描く。
34 タサイな顔ぶれがそろった。
35 チョウザイ薬局に勤めている。
36 長い間、私はチンモクしていた。

37 テンプの才能に恵まれている。
38 不況によるトウサンが増えた。
39 彼はハッコウな人生を送った。
40 あれは本当にヒサンな事故だ。
41 ビネツがある場合は用心しよう。
42 伝統を守るブガクの会を開く。
43 予定をヘンコウする場合の連絡。
44 マンゼンと休日を過ごした。
45 彼はコーチとしてテキザイだ。
46 自覚ショウジョウのない病気。
47 記者は必ずワンショウをつける。
48 猟でイノシシをエるのは難しい。
49 大いに知性をミガいてください。
50 せっかくの申し出をコバむなんて。

---

23 朱色
24 習俗
25 守銭奴
26 巡業
27 崇高
28 嫡男
29 監督
30 憤慨
31 盛況
32 先端
33 湖畔
34 多彩
35 調剤
36 沈黙

37 天賦
38 倒産
39 薄幸
40 悲惨
41 微熱
42 舞楽
43 変更
44 漫然
45 適材
46 症状
47 腕章
48 獲
49 磨
50 拒

実戦模擬テスト〔第1回〕

解答には、常用漢字の旧字体や表外漢字および常用漢字音訓表以外の読みを使ってはいけない。

時間 60分
合格点 140点
得点 /200

(一) 次の——線の読みをひらがなで記せ。 (30) 1×30

1 自信作は予想に反し酷評された。
2 我が陣地を奪還すべく戦った。
3 彼はおとなしく寡黙な人だ。
4 事態を早急に収拾したいと思う。
5 秋は憂愁の気分を誘う季節だ。
6 意見がぶつかり事態は紛糾した。
7 空疎な言葉を繰り返すばかりだ。
8 懸案の条約はついに批准された。
9 学歴の詐称が発覚し退職した。
10 問題への迅速な対応が必要だ。
11 自由を享受できる国にしたい。
12 空気を浄化する装置を置いた。
13 空漠とした不安を覚えた。
14 故人に哀悼の意を表します。
15 怠惰な生活を改めなさい。
16 一刻の猶予もならない事態だ。
17 所轄の警察署に尋ねてください。
18 歯並びの矯正を専門にする医者。
19 仲間との融和をはかるべきだ。

解答

(一)
1 こくひょう
2 だっかん
3 かもく
4 しゅうしゅう
5 ゆうしゅう
6 ふんきゅう
7 くうそ
8 ひじゅん
9 さしょう
10 じんそく
11 きょうじゅ
12 じょうか
13 くうばく
14 あいとう
15 たいだ
16 ゆうよ
17 しょかつ
18 きょうせい
19 ゆうわ

20 こんな侮辱を受けたことはない。
21 父は金策に奔走している。
22 拷問にかけるような仕打ちだ。
23 姉は二人目の子を妊娠した。
24 励ましのお言葉を賜り感謝する。
25 畑の畝作りを手伝った。
26 後になって悔いることになるよ。
27 敵を欺く作戦は失敗に終わった。
28 体調を調えて試合に臨みたい。
29 悪を懲らしめる正義の味方だ。
30 和服のときは足袋をはく。

㈡ 次の漢字の**部首**を記せ。 (10) 1×10

〈例〉 菜 [艹] 間 [門]

1 暫
2 懇
3 膨
4 幣
5 幾
6 葬
7 堅
8 庸
9 窯
10 羅

㈢ **熟語の構成**のしかたには次のようなものがある。 (20) 2×10

ア 同じような意味の漢字を重ねたもの (岩石)
イ 反対または対応の意味を表す字を重ねたもの (高低)

20 ぶじょく
21 ほんそう
22 ごうもん
23 にんしん
24 たまわ
25 うね
26 く
27 あざむ
28 ととの
29 こ
30 たび

㈡
1 日
2 心
3 月
4 巾
5 幺
6 艹
7 土
8 广
9 穴
10 罒

ウ 上の字が下の字を修飾しているもの　（洋画）
エ 下の字が上の字の目的語・補語になっているもの　（着席）
オ 上の字が下の字の意味を打ち消しているもの　（非常）

次の熟語は右のア～オのどれにあたるか、**一つ**選び、記号で答えよ。

1 不穏
2 憂愁
3 偏見
4 緩急
5 急逝

6 珠玉
7 存廃
8 遷都
9 紛糾
10 崇仏

(四) 次の四字熟語について、問1と問2に答えよ。 (30)

問1 後の□内のひらがなを漢字にして[1]～[10]に入れ、四字熟語を完成せよ。□内のひらがなは一度だけ使うこと。 (20) 2×10

ア 円転滑[1]
イ 深謀遠[2]
ウ 論旨明[3]
エ 鯨[4]馬食
オ [5]顔一笑

カ 温厚篤[6]
キ [7]舞激励
ク [8]忍不抜
ケ [9]非曲直
コ 生殺[10]奪

いん・かい・けん・こ・じつ
ぜ・だつ・は・よ・りょ

問2 次の11～15の意味にあてはまるものを、問1のア～コの四字熟語から一つ選べ。 (10) 2×5

11 顔をほころばせ、にっこり笑うさま。

解答

(三)
1 オ
2 ア
3 ウ
4 イ
5 ウ
6 ア
7 イ
8 エ
9 ア
10 エ

(四)
問1
1 脱
2 慮
3 快
4 飲
5 破
6 実
7 鼓
8 堅
9 是
10 与
問2
11 オ
12 ア
13 コ
14 ク
15 カ

12 物事がとどこおらず、スムーズに進行すること。

13 他のものを自分の思いのままに支配すること。

14 強い意志を持ち、じっとたえて心を動かさないこと。

15 性格が穏やかで情にあつく、しかも誠実であること。

(五) 次の1～5対義語、6～10の類義語を後の□の中から選び、漢字で記せ。□の中の語は一度だけ使うこと。 (20) 2×10

対義語

1 衰微

2 諮問

3 謙虚

4 介入

5 偏屈

類義語

6 逝去

7 貢献

8 顕著

9 克明

10 普通

いっぱん・えいみん・きよ
こうまん・すなお・たんねん
とうしん・はんえい・ぼうかん
れきぜん

(六) 次の――線のカタカナを漢字に直せ。 (20) 2×10

1 ケン固な守りのチームだ。
2 病院でケン診を受ける。

3 サク日は失礼しました。
4 傾向を調べて対サクを練る。

5 集団で民事ソ訟を起こした。
6 彼はソ質のある選手だ。

(五)
1 繁栄
2 答申
3 高慢
4 傍観
5 素直
6 永眠
7 寄与
8 歴然
9 丹念
10 一般

(六)
1 堅
2 検
3 昨
4 策
5 訴
6 素
7 彩
8 歳
9 耐
10 絶

7 色サイが華やかな作品だ。
8 百貨店のサイ末セール。

9 怒りを抑えてタえ忍ぶ。
10 人通りがタえた商店街を歩く。

(七) 次の各文にまちがって使われている同じ読みの漢字が一字ある。上に誤字を、下に正しい漢字を記せ。 (10) 2×5

1 彼は速戦力の筆頭選手に挙げられたが、不本意な戦績で閉幕した。
2 興味深い進化の課程を巡って、専門家から示唆に富む報告があった。
3 独裁者の圧政の下、断圧に抗して闘う若年層が自由を叫んでいる。
4 実力が伯仲した両者の功防は、終盤まで観衆を魅了し続けた。
5 我が町の地場産業として脚光を浴びた織緯業は衰退の一途をたどる。

(八) 次の――線のカタカナを漢字一字と送りがな(ひらがな)に直せ。 (10) 2×5

〈例〉 問題にコタエル。→答える

1 カガヤカシイ記録を残した選手。
2 彼はツツシミ深い態度で接する。
3 他人をマドワスことを言うな。
4 アザヤカナ色の洋服を買った。
5 庭にあった老木がカレル。

(九) 次の――線のカタカナを漢字に直せ。 (50) 2×25

1 これは害虫をクジョする農薬だ。

解答

(七)
1 速・即
2 課・過
3 断・弾
4 功・攻
5 緯・維

(八)
1 輝かしい
2 慎み
3 惑わす
4 鮮やかな
5 枯れる

2 年度末に会計カンサが行われる。
3 それは君のオクソクに過ぎない。
4 故郷でユウガな生活をしたい。
5 将来に対するホウフを持て。
6 政府へのコウギ集会が開かれた。
7 古老のガンチクのある言葉。
8 前例のみをトウシュウするな。
9 彼は常にゴウカイに笑いとばす。
10 道路のホソウ工事を行う。
11 台所でセンザイを使う。
12 この薬にはサッキン作用がある。
13 委員長にスイセンされる。
14 医者がカンジャを診察する。

15 優れたドウサツ力を発揮する。
16 合格通知が届き、悦びにヒタる。
17 落ち葉がクちて土にかえる。
18 彼は知らぬ間に姿をカクした。
19 他国の領土をオカしてはならない。
20 若い頃はナヤみが多いものだ。
21 父の機嫌をソコねるとまずいよ。
22 ジョギングをしてのどがカワいた。
23 合格発表をヒカえて緊張している。
24 ナツかしい曲が聞こえてきた。
25 息をハズませて走ってきた。

(九)
1 駆除
2 監査
3 憶測
4 優雅
5 抱負
6 抗議
7 含蓄
8 踏襲
9 豪快
10 舗装
11 洗剤
12 殺菌
13 推薦
14 患者
15 洞察
16 浸
17 朽
18 隠
19 侵
20 悩
21 損
22 渇
23 控
24 懐
25 弾

実戦模擬テスト〔第2回〕

解答には、常用漢字の旧字体や表外漢字および常用漢字音訓表以外の読みを使ってはいけない。

時間 60分
合格点 140点
得点 /200

(一) 次の——線の読みをひらがなで記せ。 (30) 1×30

1 田舎には純朴な人が多い。
2 人口が漸次減少傾向にある。
3 月間の累計を出す。
4 図書館の中では静粛にしなさい。
5 戦時中子どもたちは疎開をした。
6 薬物の撲滅キャンペーンをした。
7 土壌を改良して作物を育てる。
8 病院に急患が運ばれる。
9 ふと母のことが脳裏をかすめた。
10 私は頑強な体がなにより自慢だ。
11 社会の安寧を保つ努力。
12 ネット検索で多くの情報を得る。
13 幼児は免疫力が弱い。
14 解剖した結果死因がわかった。
15 優勝者に花を贈呈する。
16 彼は裕福な家庭に生まれた。
17 大地震の惨禍に見舞われた。
18 堕落した生活を送るな。
19 弾劾裁判の手続きが進められた。

解答

(一)
1 じゅんぼく
2 ぜんじ
3 るいけい
4 せいしゅく
5 そかい
6 ぼくめつ
7 どじょう
8 きゅうかん
9 のうり
10 がんきょう
11 あんねい
12 けんさく
13 めんえき
14 かいぼう
15 ぞうてい
16 ゆうふく
17 さんか
18 だらく
19 だんがい

20 規則を撤廃する手続きをとった。
21 必要な資料は網羅している。
22 彼は権威に盲従している。
23 辛酸をなめる人生を送ってきた。
24 生活費を稼ぐのがやっとだ。
25 廊下をぞうきんで磨きなさい。
26 今月分の支払いが滞っている。
27 将来を見据えて計画を立てる。
28 償うことのできない過ちをした。
29 親子間の醜い争いが起こった。
30 幼児期は乳母に育てられた。

(二) 次の漢字の部首を記せ。 (10) 1×10

〈例〉菜 [艹]　間 [門]

1 顕
2 威
3 献
4 履
5 夢
6 繭
7 憲
8 暦
9 虜
10 裂

(三) 熟語の構成のしかたには次のようなものがある。 (20) 2×10

ア 同じような意味の漢字を重ねたもの（岩石）
イ 反対または対応の意味を表す字を重ねたもの（高低）

20 てっぱい
21 もうら
22 もうじゅう
23 しんさん
24 かせ
25 みが
26 とどこお
27 みす
28 つぐな
29 みにく
30 うば

(二)
1 頁
2 女
3 犬
4 尸
5 夕
6 糸
7 心
8 日
9 虍
10 衣

ウ 上の字が下の字を修飾しているもの （洋画）
エ 下の字が上の字の目的語・補語になっているもの （着席）
オ 上の字が下の字の意味を打ち消しているもの （非常）

次の熟語は右のア〜オのどれにあたるか、**一つ**選び、**記号**で答えよ。

1 渉外
2 精勤
3 把握
4 陥没
5 叙勲
6 親疎
7 未遂
8 巧拙
9 往還
10 楽譜

四 次の**四字熟語**について、問1と問2に答えよ。 (30)

問1 後の□内のひらがなを漢字にして1〜10に入れ、**四字熟語**を完成せよ。□内のひらがなは一度だけ使い、**一字**記せ。 (20) 2×10

ア 故事〔1〕歴
イ 公〔2〕良俗
ウ 神出〔3〕没
エ 〔4〕計奇策
オ 外〔5〕内剛
カ 換骨〔6〕胎
キ 多岐〔7〕羊
ク 群雄〔8〕拠
ケ 愛別〔9〕苦
コ 一知〔10〕解

かっ・き・じゅう・じょ・だっ はん・ぼう・みょう・らい・り

問2 次の11〜15の意味にあてはまるものを問1のア〜コの四字熟語から一つ選べ。 (10) 2×5

11 どこにでも自由自在に現れたり消

㈢
1 エ
2 ウ
3 ア
4 ア
5 エ
6 イ
7 オ
8 イ
9 イ
10 ウ

解答

㈣
問1
1 来
2 序
3 鬼
4 妙
5 柔
6 脱
7 亡
8 割
9 離
10 半
問2
11 ウ
12 ケ
13 ア
14 コ
15 カ

えたりするさま。

12 互いにいとしく思う者が、別れるつらさ。

13 昔から伝わる話や事柄のいわれのこと。

14 理解が薄っぺらで、浅はかなこと。生わかり。

15 他人の作品の着想や表現などをまねて作ること。

(五) 後の□の中の語を一度だけ使って**漢字**に直し、**対義語・類義語**を記せ。 (20) 2×10

対義語

1 秩序

2 擁護

3 消耗

4 清浄

5 供述

類義語

6 看過

7 不審

8 猶予

9 卓絶

10 入念

えんき・おだく・ぎわく
こんらん・しゅうとう
しんがい・ちくせき・ばつぐん
もくにん・もくひ

(六) 次の——線の**カタカナ**を**漢字**に直せ。 (20) 2×10

1 **ユ**出額が大幅に伸びた。

2 美術品の**ユ**来を尋ねる。

3 コンクールに入**ショウ**した。

4 母に友達を**ショウ**介する。

5 彼女は従**ジュン**な性格だ。

6 旅行の**ジュン**備が整った。

(五)
1 混乱
2 侵害
3 蓄積
4 汚濁
5 黙秘
6 黙認
7 疑惑
8 延期
9 抜群
10 周到

(六)
1 輸
2 由
3 賞
4 紹
5 順
6 準
7 垂
8 吹
9 就
10 継

7 直角に交わるスイ線を引く。
8 彼はスイ奏楽部に所属している。
9 まず職業にツくことが大事だ。
10 家業をツぐかどうか迷っている。

(七) 次の各文にまちがって使われている同じ読みの漢字が一字ある。上に誤字を、下に正しい漢字を記せ。 (10) 2×5

1 論拠に乏しい批評は、億測に基づく幼稚な言説だと一蹴《しゅう》された。
2 冒険家の念願であった冬山の制服は、幾星霜を経てついに成就した。
3 世界経済の動向を踏まえた総裁の分析は株価に微妙な影況を与えた。
4 彼は世情に安易に追随せず、個性的で健実な生き方を身上とする。
5 似顔絵の得意な人は、相手の顔の輪郭や特徴を故張して描く。

(八) 次の――線のカタカナを漢字一字と送りがな(ひらがな)に直せ。 (10) 2×5

〈例〉 問題にコタエル。 答える

1 他人に危険をオヨボシた。
2 多くの時間をツイヤシてしまった。
3 損害をコウムルのは私だ。
4 ココロヨク引き受けてくれた。
5 友人をムカエル準備ができた。

(九) 次の――線のカタカナを漢字に直せ。 (50) 2×25

1 忙しくて青息トイキの状態だ。

解答

(七)
1 億・臆
2 制・征
3 況・響
4 健・堅
5 故・誇

(八)
1 及ぼし
2 費やし
3 被る
4 快く
5 迎える

2 味覚にドンカンな人がいる。
3 ビンワン記者と言われる人物。
4 コウタクの美しい宝石だ。
5 祖父は大学のメイヨ教授だ。
6 シボウのとり過ぎは健康に悪い。
7 権力にゲイゴウする人は嫌いだ。
8 保護動物のホカクに成功した。
9 彼はテンプの才能の持ち主だ。
10 父はカンレキを迎えた。
11 雪のため電車がチエンした。
12 事件のカクシンに迫る。
13 学校でコンダン会があった。
14 雑務にボウサツされている。

---

15 スウコウな理想を掲げる。
16 夏場は食べ物がよくクサる。
17 ミサキ巡りのバスに乗る。
18 活火山が溶岩をフきあげた。
19 空はどんよりとクモっている。
20 君の言葉にハゲまされた。
21 ミチバタでそっと咲くタンポポ。
22 ウルシ塗りの器。
23 サトイモの大きな葉に一粒の露。
24 ゴルフ場にはシバカリ機がいる。
25 なくてナナクセ

(九)
1 吐息
2 鈍感
3 敏腕
4 光沢
5 名誉
6 脂肪
7 迎合
8 捕獲
9 天賦
10 還暦
11 遅延
12 核心
13 懇談
14 忙殺
15 崇高
16 腐
17 岬
18 吹
19 曇
20 励
21 道端
22 漆
23 里芋
24 芝刈
25 七癖

実戦模擬テスト〔第3回〕

解答には、常用漢字の旧字体や表外漢字および常用漢字音訓表以外の読みを使ってはいけない。

時間 60分
合格点 140点
得点 /200

(一) 次の——線の読みをひらがなで記せ。 (30) 1×30

1 友が逝去した知らせに驚いた。
2 罪を糾明することが必要だ。
3 彼女は高尚な趣味を持っている。
4 ここは漆器の町として有名だ。
5 飢餓に苦しむ子どもたちがいる。
6 契約の不履行は絶対に許せない。
7 理想と現実との相克に苦しむ。
8 君からの福音を待っているよ。
9 銘柄米が多く売り出されている。
10 民事訴訟の手続きをとった。
11 飛行機が旋回する。
12 姉は会社の庶務係をしている。
13 凡庸な人物と評される。
14 入所後の疑似体験をしたい。
15 捕虜となり強制労働させられた。
16 慶弔用の礼服を買う。
17 犬が牙《きば》をむいて威嚇する。
18 衷心よりお詫《わ》び申し上げます。
19 田舎で安閑としてはいられない。

解答

(一)
1 せいきょ
2 きゅうめい
3 こうしょう
4 しっき
5 きが
6 りこう
7 そうこく
8 ふくいん
9 めいがら
10 そしょう
11 せんかい
12 しょむ
13 ぼんよう
14 ぎじ
15 ほりょ
16 けいちょう
17 いかく
18 ちゅうしん
19 あんかん

20 首相に謁見する機会を得た。
21 健闘むなしく惜敗してしまった。
22 地価の暴騰がようやく収まった。
23 散逸した資料収集に苦労した。
24 二人は将来を誓った仲だ。
25 君の今回の行動は甚だ遺憾だ。
26 恩師から懇々と諭された。
27 流行は廃れるのも早いものだ。
28 我が野望は見事に打ち砕かれた。
29 君の考え方は偏りがあるよ。
30 皆が協力して若人の祭典を催す。

(二) 次の漢字の**部首**を記せ。 (10) 1×10

〈例〉 菜 〔艹〕 間 〔門〕

1 倒
2 癒
3 殉
4 督
5 摩
6 閥
7 尉
8 酌
9 賓
10 奔

(三) **熟語の構成**のしかたには次のようなものがある。 (20) 2×10

ア 同じような意味の漢字を重ねたもの (岩石)
イ 反対または対応の意味を表す字を重ねたもの (高低)

---

20 えっけん
21 せきはい
22 ぼうとう
23 さんいつ
24 ちか
25 はなは
26 さと
27 すた
28 くだ
29 かたよ
30 わこうど

(二)
1 亻
2 疒
3 歹
4 目
5 手
6 門
7 寸
8 酉
9 貝
10 大

ウ 上の字が下の字を修飾しているもの（洋画）
エ 下の字が上の字の目的語・補語になっているもの（着席）
オ 上の字が下の字の意味を打ち消しているもの（非常）

次の熟語は右のア〜オのどれにあたるか、一つ選び、記号で答えよ。

1 陳情
2 享受
3 濫獲
4 殉職
5 美醜
6 謹慎
7 非道
8 硬軟
9 弦楽
10 独酌

(四) 次の四字熟語について、問1と問2に答えよ。 (30)

問1 後の□内のひらがなを漢字にして1〜10に入れ、四字熟語を完成せよ。□内のひらがなは一度だけ使い、一字記せ。 (20) 2×10

ア 比翼 1 理
イ 和洋 2 衷
ウ 奇想 3 外
エ 疾風迅 4
オ 5 遍妥当
カ 6 象無象
キ 要害 7 固
ク 一衣 8 水
ケ 音 9 朗朗
コ 不 10 不離

う・けん・せっ・そく・たい
てん・と・ふ・らい・れん

問2 次の11〜15の意味にあてはまるものを問1のア〜コの四字熟語から一つ選べ。 (10) 2×5

11 二つの物の間が非常に近いとい

解答

(三)
1 エ
2 ア
3 ウ
4 エ
5 イ
6 ア
7 オ
8 イ
9 ウ
10 ウ

(四)
問1
1 連
2 折
3 天
4 雷
5 普
6 有
7 堅
8 帯
9 吐
10 即
問2
11 ク
12 イ
13 エ
14 コ
15 ウ

うたとえ。

12 日本と欧米の生活様式などを適当に取り合わせたスタイル。

13 行動がすばやく激しいことのたとえ。

14 つき過ぎもせず、はなれ過ぎもしない関係を保つこと。

15 まったく思いもよらないような珍しいこと。

㈤ 後の□の中の語を一度だけ使って**漢字**に直し、**対義語・類義語**を記せ。 (20) 2×10

対義語

1 中枢
2 冗漫
3 故意
4 暫時
5 専任

類義語

6 奔走
7 罷免
8 干渉
9 左遷
10 時流

かいにゅう・かいにん・かしつ
かんけつ・けんむ・こうかく
こうきゅう・じんりょく
ふうちょう・まったん

㈥ 次の――線の**カタカナ**を**漢字**に直せ。 (20) 2×10

1 先生に**ギ**問点を尋ねる。
2 おごそかに**ギ**式が行われる。

3 **ジョウ**操教育を重視する。
4 招待**ジョウ**を発送する。

5 **バイ**旧のご愛顧をお願いする。
6 新商品の**バイ**買が盛んだ。

㈤
1 末端
2 簡潔
3 過失
4 恒久
5 兼務
6 尽力
7 解任
8 介入
9 降格
10 風潮

㈥
1 疑
2 儀
3 情
4 状
5 倍
6 売
7 雄
8 郵
9 植
10 熟

7 山頂からの**ユウ**大な景色。
8 **ユウ**便切手を買い求める。
9 田**ウ**えの季節になった。
10 柿が**ウ**れて赤くなっている。

(七) 次の各文にまちがって使われている**同じ読みの漢字**が一字ある。**上に誤字を、下に正しい漢字を**記せ。 (10) 2×5

1 県知事は新規の施策について当該委員会において優弁を振るった。
2 満を持して販売した製品は思惑以上に注文が殺踏して悲鳴を上げた。
3 世界規模で環境破壊を継続すると地球にとって慎刻な問題になる。
4 緑化を遂進する活動の一環として荒廃した山地に植樹をした。
5 無謀な運転の車が眼前に迫り、危ういところで正面衝突を回秘した。

(八) 次の――線の**カタカナを漢字一字と送りがな(ひらがな)**に直せ。 (10) 2×5

〈例〉問題に**コタエル**。 答える

1 明日は必ず**ウカガイ**ます。
2 指先を器用に**アヤツル**手品師。
3 相手の気分を**ソコネル**発言だ。
4 流行後の関心は**ウスライ**できた。
5 息子の活躍を**ホコラシク**思う。

(九) 次の――線の**カタカナ**を漢字に直せ。 (40) 2×20

1 **ハケン**社員は身分が不安定だ。

解答

(七)
1 優・雄
2 踏・到
3 慎・深
4 遂・推
5 秘・避

(八)
1 伺い
2 操る
3 損ねる
4 薄らい
5 誇らしく

2 体育でチョウヤク力を測った。
3 資本をゾウショクし続けてきた。
4 親の考えが子にシントウした。
5 ニュウワな目をした老人だ。
6 今年はモウショになるらしい。
7 彼はバンジャクの地位を築いた。
8 ケンジツな生き方をしなさい。
9 ジンモンには正直に答えなさい。
10 事件のカチュウにある人物。
11 ゴウモンは禁止されている。
12 優勝してもマンシンするな。
13 ジュレイは年輪によってわかる。
14 貿易マサツが生じている。

15 サイセキ場が近くにある。
16 犬をクサリでつないでおく。
17 風カオる五月の気候だ。
18 腹を立てても物はコワすな。
19 精密検査でクワしい結果が出た。
20 父は短歌をヨむのが趣味だ。
21 茶畑でお茶をツむ農家の人々。
22 やっとカタの荷が下りた。
23 快晴の日は洗濯物がよくカワく。
24 なかなかシブい色合いの着物だ。
25 練習しないと腕がニブる。

(九)
1 派遣
2 跳躍
3 増殖
4 浸透
5 柔和
6 猛暑
7 盤石
8 堅実
9 尋問
10 渦中
11 拷問
12 慢心
13 樹齢
14 摩擦
15 砕石
16 鎖
17 薫
18 壊
19 詳
20 詠
21 摘
22 肩
23 乾
24 渋
25 鈍

ファイナルチェック

絶対覚えたい! 読み

基本的に準2級配当漢字から出題されるので、準2級に配当された漢字の読みを確実に身につけておく必要がある。ここでは、過去に出題された読みの問題の中から、特に重要な読みばかりを集めた。また、小学校で学習する漢字のうち、中学校で習う漢字の読みや熟字訓も出題されることがあるので注意したい。

（・印は準2級配当漢字）

哀悼・	アイトウ
欺く	アザムく
操る	アヤツる
併・せて	アワせて
安泰・	アンタイ
安寧・	アンネイ
一抹・	イチマツ
承る	ウケタマワる
渦・潮	ウズシオ
漆・	ウルシ
大雑把・	オオザッパ
陥・る	オチイる

解析・	カイセキ
拡充・	カクジュウ
偏・る	カタヨる
割譲	カツジョウ
合併・	ガッペイ
寡・黙	カモク
殻・	カラ
辛うじて	カロうじて
渇・く	カワく
為替	カワセ
管轄・	カンカツ
閑・却	カンキャク

頑・健	ガンケン
干渉・	カンショウ
監督・	カントク
陥・没	カンボツ
感銘・	カンメイ
疑似	ギジ
気泡・	キホウ
窮・乏	キュウボウ
教唆・	キョウサ
享・楽	キョウラク
吟・詠	ギンエイ
謹・呈・	キンテイ

空疎・	クウソ
苦渋・	クジュウ
愚痴・	グチ
唇・	クチビル
勲・功	クンコウ
渓・谷	ケイコク
謙・虚	ケンキョ
献・身	ケンシン
顕・著	ケンチョ
減俸・	ゲンポウ
研磨・	ケンマ
豪傑・	ゴウケツ
貢・献・	コウケン
剛・健	ゴウケン
高尚・	コウショウ
洪・積	コウセキ
高騰・	コウトウ

広漠・	コウバク
被る	コウムる
荒涼・	コウリョウ
酷・評	コクヒョウ
拒・む	コバむ
孤塁・	コルイ
災禍・	サイカ
宰・相	サイショウ
五月雨	サミダレ
思索・	シサク
私淑・	シシュク
自粛・	ジシュク
自薦・	ジセン
質朴・	シツボク
忍・ぶ	シノぶ
渋・皮	シブカワ
爵・位	シャクイ

酌・量	シャクリョウ
遮・断	シャダン
若干	ジャッカン
醜・態	シュウタイ
収賄・	シュウワイ
淑・女	シュクジョ
熟睡・	ジュクスイ
粛・然	シュクゼン
首肯・	シュコウ
主宰・	シュサイ
循・環	ジュンカン
俊・傑・	シュンケツ
浄・化	ジョウカ
抄・本	ショウホン
叙・勲・	ジョクン
書斎・	ショサイ
崇・高	スウコウ

枢要	スウヨウ
据える	スえる
助太刀	スケダチ
栓	セン
旋回	センカイ
繊細	センサイ
漸次	ゼンジ
禅宗	ゼンシュウ
洗浄	センジョウ
宣誓	センセイ
漸増	ゼンゾウ
旋律	センリツ
壮観	ソウカン
相克	ソウコク
挿入	ソウニュウ
贈賄	ゾウワイ
疎遠	ソエン
堪える	タえる
手綱	タヅナ
妥当	ダトウ
足袋	タビ
惰眠	ダミン
堕落	ダラク
反物	タンモノ
地殻	チカク
逐語訳	チクゴヤク
窒息	チッソク
血眼	チマナコ
中枢	チュウスウ
懲戒	チョウカイ
彫塑	チョウソ
償う	ツグナう
定款	テイカン
逓減	テイゲン
丁寧	テイネイ
適宜	テキギ
撤回	テッカイ
鉄瓶	テツビン
統括	トウカツ
同慶	ドウケイ
洞察	ドウサツ
同僚	ドウリョウ
内緒	ナイショ
臨む	ノゾむ
把握	ハアク
諮る	ハカる
破棄	ハキ
履物	ハキモノ
発泡	ハッポウ
鼻緒	ハナオ
派閥	ハバツ
頒布	ハンプ
煩忙	ハンボウ
罷業	ヒギョウ
批准	ヒジュン
妃殿下	ヒデンカ
頻出	ヒンシュツ
不肖	フショウ
不祥事	フショウジ
沸点	フッテン
富裕	フユウ
扶養	フヨウ
憤慨	フンガイ
紛糾	フンキュウ
文献	ブンケン
平衡	ヘイコウ
平癒	ヘイユ
別枠	ベツワク
偏屈	ヘンクツ
変遷	ヘンセン
偏重	ヘンチョウ
防疫	ボウエキ
忘我	ボウガ
報酬	ホウシュウ
放逐	ホウチク
補充	ホジュウ
褒める	ホめる
奔放	ホンポウ
賄う	マカナう
磨耗	マモウ
繭	マユ
岬	ミサキ
見据える	ミスえる
醜い	ミニクい
銘柄	メイガラ
模擬	モギ
喪中	モチュウ
専ら	モッパら
矢面	ヤオモテ
大和	ヤマト
山肌	ヤマハダ
悠久	ユウキュウ
融資	ユウシ
癒着	ユチャク
予鈴	ヨレイ
酪農	ラクノウ
猟銃	リョウジュウ
寮母	リョウボ
倫理	リンリ
冷徹	レイテツ
露見	ロケン
沸く	ワく

絶対覚えたい!

書き取り

準2級に配当された漢字の書き取りも出題されるので、準2級の配当漢字を確実に身につけておきたい。また、小学校で学ぶ漢字の書き取りも一部出題されるので、より一層定着させておきたい。ここでは、準2級の配当漢字も含めて重要なものを取り上げた。

アオぐ	仰ぐ
アカハジ	赤恥
アサツユ	朝露
アツカい	扱い
アミ	網
アヤツる	操る
アラい	荒い
アワい	淡い
アンモク	暗黙
イダく	抱く
イタる	至る
イノリ	祈り
ウえる	飢える
ウデ	腕
エンジン	円陣
エントツ	煙突
エンバン	円盤
エンリョ	遠慮
オウギ	扇
オクる	贈る
オス	雄
オソい	遅い
オソらく	恐らく
オトる	劣る
オニ	鬼
オヨぼす	及ぼす
カイキン	皆勤
カイタク	開拓
カカえる	抱える
カガやかしい	輝かしい
カクトウ	格闘
ガクブチ	額縁
カザる	飾る
カタハバ	肩幅
カトキ	過渡期
カナアミ	金網
カネヅカい	金遣い
カねる	兼ねる
カビン	過敏
カミダナ	神棚
カヨウ	歌謡
カラクサ	唐草
カる	刈る
カワく	渇く
カンジャ	患者
キタナい	汚い
キネン	祈念
キバツ	奇抜
ギャクシュウ	逆襲
キャクリョク	脚力
キュウカ	休暇
キュウレキ	旧暦
キョウシュク	恐縮
キリ	霧
クサる	腐る
クッセツ	屈折
クる	繰る
クルう	狂う
ケイコク	渓谷
ケイセキ	形跡
ケモノ	獣
ケンキャク	健脚
ケンム	兼務
コい	濃い
コウキュウ	恒久
コウゴ	交互
コウシン	更新
コウソウ	抗争
コウタク	光沢
コウテツ	更迭
コドウ	鼓動
コヨミ	暦
コンチュウ	昆虫
コンレイ	婚礼
サイゲツ	歳月
サカり	盛り
サケぶ	叫ぶ
サッキン	殺菌
サラに	更に
サンジ	惨事
シグレ	時雨
シズク	滴
シめる	占める
シモン	指紋
シャクメイ	釈明
ジャリ	砂利
シュウシン	就寝

ジュシ	樹脂
シュンカン	瞬間
ジュンシ	巡視
ショウシツ	焼失
シンゲン	震源
シンコウ	信仰
スイセン	推薦
セバめる	狭める
セマる	迫る
セめる	攻める
センイ	繊維
ソウゲイ	送迎
ソウショク	装飾
ソえる	添える
ゾクセツ	俗説
ソコねる	損ねる
タイキャク	退却
タイコウ	対抗
タオれる	倒れる
タズねる	尋ねる
タタミ	畳
タヨる	頼る
ダンアツ	弾圧
タンネン	丹念
チコク	遅刻
チョウヤク	跳躍
チリョウ	治療
チンミ	珍味
チンモク	沈黙
ツウレツ	痛烈
ツカれる	疲れる
ツける	漬ける
ツツミ	堤
ツルギ	剣
トイキ	吐息
ドウ	胴
トウコウ	投稿
ドウサツ	洞察
ドンカン	鈍感
ナナめ	斜め
ナヤむ	悩む
ニブい	鈍い
ニモノ	煮物
ネムい	眠い
ノキナみ	軒並み
ノる	載る
ハアク	把握
バクショウ	爆笑
ハクシン	迫真
ハじる	恥じる
ハックツ	発掘
ハンバイ	販売
ヒカク	比較
ヒガン	彼岸
ヒフ	皮膚
ビフウ	微風
ヒボン	非凡
ヒマ	暇
ヒョウシ	拍子
ビヨク	尾翼
ビリョク	微力
ヒロウ	披露
フキョウ	不況
フく	吹く
フクむ	含む
フむ	踏む
ブヨウ	舞踊
フる	振る
フンカ	噴火
ヘンキャク	返却
ボウシ	帽子
ホコる	誇る
マドわす	惑わす
マンパイ	満杯
ミガラ	身柄
ミズビタし	水浸し
ミチハバ	道幅
ムエン	無縁
ムカえる	迎える
ムスメ	娘
メイサイ	迷彩
メイシ	名刺
メグる	巡る
メす	召す
モッパら	専ら
モノゴシ	物腰
モメン	木綿
モモ	桃
ヤクシン	躍進
ヤシキ	屋敷
ヤワらぐ	和らぐ
ユウシュウ	優秀
ヨウト	用途
ヨカ	余暇
ラクライ	落雷
リクツ	理屈
リュウギ	流儀
リョウヨウ	療養
リンリ	倫理
レンサ	連鎖
レンサイ	連載
ワコウド	若人

絶対覚えたい!

同音異字

4級以下に配当された漢字で同音のものを組み合わせて出題されることが多い。ここでは、4級以下の漢字を使った問題のうち、紛らわしい同音の漢字を取り上げた。

いん
隠《いん》然《ぜん》　印《いん》象《しょう》　原《げん》因《いん》

か
箇《か》条《じょう》　果《か》実《じつ》　寸《すん》暇《か》　名《めい》菓《か》

かい
破《は》壊《かい》　介《かい》護《ご》　自《じ》戒《かい》

かく
内《ない》閣《かく》　比《ひ》較《かく》　獲《かく》得《とく》

かん
歓《かん》迎《げい》　監《かん》視《し》　乾《かん》杯《ぱい》

がん
包《ほう》含《がん》　悲《ひ》願《がん》　弾《だん》丸《がん》　眼《がん》目《もく》

ぎ
儀《ぎ》式《しき》　義《ぎ》理《り》　遊《ゆう》戯《ぎ》　疑《ぎ》問《もん》

きょう
競《きょう》技《ぎ》　絶《ぜっ》叫《きょう》　状《じょう》況《きょう》

きん
筋《きん》肉《にく》　勤《きん》務《む》　厳《げん》禁《きん》

けい
警《けい》備《び》　恩《おん》恵《けい》　継《けい》続《ぞく》

けん
兼《けん》備《び》　圏《けん》内《ない》　派《は》遣《けん》　堅《けん》固《ご》

こう
更《こう》新《しん》　原《げん》稿《こう》　項《こう》目《もく》　抵《てい》抗《こう》

こん
貧《ひん》困《こん》　混《こん》声《せい》　結《けっ》婚《こん》

さ
連《れん》鎖《さ》　査《さ》察《さつ》　砂《さ》丘《きゅう》

さい
歳《さい》末《まつ》　裁《さい》断《だん》　色《しき》彩《さい》　採《さい》用《よう》

さん
賛《さん》成《せい》　悲《ひ》惨《さん》　養《よう》蚕《さん》　散《さん》乱《らん》

しゃく
解《かい》釈《しゃく》　縮《しゅく》尺《しゃく》　拝《はい》借《しゃく》

じゅん
矛《む》盾《じゅん》　巡《じゅん》回《かい》　純《じゅん》真《しん》　準《じゅん》備《び》

しょう
召《しょう》集《しゅう》　名《めい》称《しょう》　紹《しょう》介《かい》　湖《こ》沼《しょう》　詳《しょう》述《じゅつ》　将《しょう》来《らい》　障《しょう》害《がい》

じょう
蒸《じょう》気《き》　令《れい》嬢《じょう》　丈《じょう》夫《ぶ》　情《じょう》勢《せい》

しん
寝《しん》 浸《しん》 慎《しん》 震《しん》
室《しっ》 水《すい》 重《ちょう》 災《さい》

すい
推《すい》 垂《すい》 吹《すい》
進《しん》 直《ちょく》 奏《そう》

せい
隆《りゅう》 姓《せい》 誠《せい》
盛《せい》 名《めい》 意《い》

せん
染《せん》 占《せん》 新《しん》 宣《せん》
色《しょく》 拠《きょ》 鮮《せん》 言《げん》

ぜん
全《ぜん》 騒《そう》 善《ぜん》
幅《ぷく》 然《ぜん》 意《い》

そ
組《そ》 素《そ》 訴《そ》 祖《そ》
織《しき》 質《しっ》 訟《しょう》 先《せん》

そう
装《そう》 乾《かん》 体《たい》
着《ちゃく》 燥《そう》 操《そう》

たい
進《しん》 賃《ちん》 代《だい》 耐《たい》
退《たい》 貸《たい》 替《たい》 震《しん》

ちょう
満《まん》 跳《ちょう》 清《せい》 象《しょう》
潮《ちょう》 躍《やく》 澄《ちょう》 徴《ちょう》

てい
過《かい》 提《てい》 堤《てい》
程《てい》 案《あん》 防《ぼう》

てき
敵《てき》 適《てき》 点《てん》 指《し》
意《い》 切《せっ》 滴《てき》 摘《てき》

とう
透《とう》 逃《とう》 強《ごう》
明《めい》 避《ひ》 盗《とう》

はく
博《はく》 薄《はく》 迫《はく》 宿《しゅく》 拍《はく》
識《しき》 暮《ぼ》 真《しん》 泊《はく》 手《しゅ》

はん
搬《はん》 繁《はん》 模《も》
送《そう》 雑《ざっ》 範《はん》

ひん
上《じょう》 貧《ひん》 海《かい》
品《ひん》 富《ぷ》 浜《ひん》

ふ
皮《ひ》 腐《ふ》 恐《きょう》
膚《ふ》 敗《はい》 怖《ふ》

へい
横《おう》 開《かい》 並《へい》
柄《へい》 閉《へい》 立《りつ》

ほ
保《ほ》 補《ほ》 舗《ほ》 捕《ほ》
養《よう》 助《じょ》 装《そう》 獲《かく》

ぼう
路《ろ》 冒《ぼう》 脱《だつ》 脂《し》
傍《ぼう》 険《けん》 帽《ぼう》 肪《ぼう》

もう
毛《もう》 猛《もう》 漁《ぎょ》
髪《はつ》 獣《じゅう》 網《もう》

ゆ
油《ゆ》 由《ゆ》 運《うん》
脂《し》 来《らい》 輸《ゆ》

ゆう
豪《ごう》 優《ゆう》 郵《ゆう》 雄《ゆう》
遊《ゆう》 越《えつ》 便《びん》 大《だい》

よう
童《どう》 舞《ぶ》 腰《よう》 溶《よう》
謡《よう》 踊《よう》 痛《つう》 解《かい》

りょう
推《すい》 領《りょう》 療《りょう》
量《りょう》 域《いき》 養《よう》

絶対覚えたい!

同訓異字

4級以下に配当された漢字で同訓のものを組み合わせて出題されることが多い。同訓のものは少ないので、確実に身につけておきたい。ここでは、4級以下の漢字を使った問題のうち、紛らわしい同訓の漢字を取り上げた。

あ(ける)
- 戸を開ける。
- 家を空ける
- 夜が明ける。

あつ(い)
- 厚い友情。
- 暑い夏だ。
- お茶が熱い。

う
- ボールを打つ。
- 敵を討つ。
- 大砲を撃つ。
- 商品が売れる。

お
- 不幸な生い立ち。
- 早起きする。
- 要点を押さえる。

おさ(める)
- 成功を収める。
- 税金を納める。
- 国を治める。
- 学問を修める。

か(える)
- 話題を変える。
- 夏服に替える。
- 役員を代える。

き
- 大根を切る
- 火が消える。
- 洋服を着る。
- 順番を決める。

き(く)
- 話を聞く。
- 鼻が利く。
- 薬が効く。

さ
- 時間を割く。
- 人目を避ける。
- 傘を差す。

す
- ゴミを捨てる。
- 季節が過ぎる。
- 空気が澄む。
- 用が済む。
- 光に透かす。
- 好きな人。

た
- 水を足す。
- 家を建てる。
- いすから立つ。

た(つ)
- 交際を断つ。
- 布を裁つ。
- 連絡を絶つ。

たず(ねる)
- 安否を尋ねる。
- 友人を訪ねる。

つ
- 仕事に就く。
- 経験を積む。
- 耳が詰まる。
- 野草を摘む。
- 力を尽くす。

つ(ぐ)
- 家業を継ぐ。
- 事件が相次ぐ。

と
- 問題を解く。
- 卵を溶く。
- 包丁を研ぐ。

と(る)
- 年を取る。
- 新卒を採る。
- 国政を執る。
- 魚を捕る。

の
- 勢力を伸ばす。
- 期日が延びる。
- 意見を述べる。
- バスに乗る。

は
- ひげが生える。
- 罪を恥じる。
- 夕日に映える。

ふ
- 笛を吹く。
- 不問に付す。
- ペダルを踏む。
- 腕を振るう。

ほ
- こんぶを干す。
- 友達が欲しい。
- 池を掘る。

絶対覚えたい！ 部首

準2級に配当された漢字とそれ以下の級に配当された漢字の中で、間違えやすい部首の漢字が出題される。ここでは、過去に出題された問題を中心として、間違えやすい部首の漢字を取り上げた。

款▼欠（あくび かける）
麻▼麻（あさ）
窯▼穴（あなかんむり）
突▼穴（〃）
羅▼罒（あみめ あみがしら）
罷▼罒（〃）
碁▼石（いし）
致▼至（いたる）
且▼一（いち）
丙▼一（〃）
累▼糸（いと）
索▼糸（〃）

幾▼幺（いとがしら よう）
献▼犬（いぬ）
寧▼宀（うかんむり）
凸▼凵（うけばこ）
顕▼頁（おおがい）
韻▼音（おと）
鬼▼鬼（おに）
威▼女（おんな）
妥▼女（〃）
妄▼女（〃）
貢▼貝（かい・こがい）
賓▼貝（〃）

刃▼刀（かたな）
尿▼尸（かばね しかばね）
殉▼歹（かばねへん いちたへん がつへん）
辞▼辛（からい）
瓶▼瓦（かわら）
甚▼甘（かん・あまい）
栽▼木（き）
薦▼艹（くさかんむり）
喪▼口（くち）
呉▼口（〃）
唇▼口（〃）
吏▼口（〃）

囚▼囗（くにがまえ）
玄▼玄（げん）
褒▼衣（ころも）
衷▼衣（〃）
準▼氵（さんずい）
彰▼彡（さんづくり）
恭▼⺗（したごころ）
泰▼氺（したみず）
升▼十（じゅう）
遮▼⻌（しんにゅう しんにょう）
耗▼耒（すきへん らいすき）
尉▼寸（すん）
斉▼斉（せい）
畝▼田（た）
奨▼大（だい）
奪▼大（〃）
奔▼大（〃）

募▼力（ちから）
塁▼土（つち）
触▼角（つのへん）
摩▼手（て）
虞▼虍（とらがしら とらかんむり）
虜▼虍（〃）
亭▼亠（なべぶた けいさんかんむり）
亜▼二（に）
膨▼月（にくづき）
克▼儿（にんにょう ひとあし）
充▼儿（〃）
伐▼亻（にんべん）
秀▼禾（のぎ）
釈▼釆（のごめ）
敢▼攵（のぶん ぼくづくり）
翁▼羽（はね）
幣▼巾（はば）

幕▼巾（はば）
帥▼巾（はばへん きんべん）
暫▼日（ひ）
雇▼隹（ふるとり）
髄▼骨（ほねへん）
叔▼又（また）
叙▼又（〃）
臭▼自（みずから）
蛍▼虫（むし）
督▼目（め）
盾▼目（〃）
真▼目（〃）
崇▼山（やま）
弔▼弓（ゆみ）
竜▼竜（りゅう）
殻▼殳（るまた ほこづくり）
殿▼殳（〃）

絶対覚えたい!

対義語

どちらかに準2級に配当された漢字を含む熟語が使われている対義語を中心に出題される。対義語は、「陽性」に対する「陰性」のように、多くは決まった熟語の組み合わせとなるが、例えば「脱退」に対する「加入」と「加盟」のように、複数の熟語がある場合もあるので注意したい。ここでは、対義語として問われると思われる熟語を下段に示し、赤文字にした。

哀悼《あいとう》↔祝賀《しゅくが》
安泰《あんたい》↔危急《ききゅう》
遺失《いしつ》↔拾得《しゅうとく》
一括《いっかつ》↔分割《ぶんかつ》
逸材《いつざい》↔凡才《ぼんさい》
解雇《かいこ》↔採用《さいよう》
懐柔《かいじゅう》↔威圧《いあつ》
快諾《かいだく》↔固辞《こじ》
介入《かいにゅう》↔傍観《ぼうかん》
概要《がいよう》↔詳細《しょうさい》
寡黙《かもく》↔多弁《たべん》
閑暇《かんか》↔多忙《たぼう》

閑散《かんさん》↔繁忙《はんぼう》
干渉《かんしょう》↔放任《ほうにん》
緩慢《かんまん》↔敏速《びんそく》
寛容《かんよう》↔厳格《げんかく》
記憶《きおく》↔忘却《ぼうきゃく》
虐待《ぎゃくたい》↔愛護《あいご》
凝縮《ぎょうしゅく》↔拡散《かくさん》
供述《きょうじゅつ》↔黙秘《もくひ》
恭順《きょうじゅん》↔反抗《はんこう》
享楽《きょうらく》↔禁欲《きんよく》
傑物《けつぶつ》↔凡人《ぼんじん》
結末《けつまつ》↔発端《ほったん》

厳寒《げんかん》↔猛暑《もうしょ》
謙虚《けんきょ》↔高慢《こうまん》
豪華《ごうか》↔貧弱《ひんじゃく》
高尚《こうしょう》↔低俗《ていぞく》
拘束《こうそく》↔釈放《しゃくほう》
購入《こうにゅう》↔売却《ばいきゃく》
削除《さくじょ》↔添加《てんか》
左遷《させん》↔栄転《えいてん》
暫時《ざんじ》↔恒久《こうきゅう》
漆黒《しっこく》↔純白《じゅんぱく》
湿潤《しつじゅん》↔乾燥《かんそう》
諮問《しもん》↔答申《とうしん》

借用《しゃくよう》↔返却《へんきゃく》
醜悪《しゅうあく》↔美麗《びれい》
醜聞《しゅうぶん》↔美談《びだん》
受理《じゅり》↔却下《きゃっか》
浄化《じょうか》↔汚染《おせん》
召還《しょうかん》↔派遣《はけん》
冗漫《じょうまん》↔簡潔《かんけつ》
消耗《しょうもう》↔蓄積《ちくせき》
新鋭《しんえい》↔古豪《ここう》
衰微《すいび》↔繁栄《はんえい》
清浄《せいじょう》↔汚濁《おだく》
正統《せいとう》↔異端《いたん》
専任《せんにん》↔兼務《けんむ》
喪失《そうしつ》↔獲得《かくとく》
疎遠《そえん》↔親密《しんみつ》
粗雑《そざつ》↔綿密《めんみつ》
怠惰《たいだ》↔勤勉《きんべん》

蛇行《だこう》↔直進《ちょくしん》
堕落《だらく》↔更生《こうせい》
断念《だんねん》↔執着《しゅうちゃく》
秩序《ちつじょ》↔混乱《こんらん》
中枢《ちゅうすう》↔末端《まったん》
中庸《ちゅうよう》↔極端《きょくたん》
直面《ちょくめん》↔回避《かいひ》
鎮静《ちんせい》↔興奮《こうふん》
陳腐《ちんぷ》↔新鮮《しんせん》
追随《ついずい》↔率先《そっせん》
撤去《てっきょ》↔設置《せっち》
騰貴《とうき》↔下落《げらく》
透明《とうめい》↔混濁《こんだく》
独立《どくりつ》↔従属《じゅうぞく》
濃厚《のうこう》↔淡泊《たんぱく》
濃縮《のうしゅく》↔希釈《きしゃく》
廃棄《はいき》↔保存《ほぞん》

漠然《ばくぜん》↔鮮明《せんめい》
頒布《はんぷ》↔回収《かいしゅう》
悲哀《ひあい》↔歓喜《かんき》
秘匿《ひとく》↔暴露《ばくろ》
悲鳴《ひめい》↔歓声《かんせい》
罷免《ひめん》↔任命《にんめい》
服従《ふくじゅう》↔反抗《はんこう》
偏屈《へんくつ》↔素直《すなお》
凡庸《ぼんよう》↔偉大《いだい》
埋蔵《まいぞう》↔発掘《はっくつ》
裕福《ゆうふく》↔貧困《ひんこん》
優良《ゆうりょう》↔劣悪《れつあく》
油断《ゆだん》↔警戒《けいかい》
擁護《ようご》↔侵害《しんがい》
幼稚《ようち》↔老練《ろうれん》
隆起《りゅうき》↔沈降《ちんこう》
零落《れいらく》↔栄達《えいたつ》

絶対覚えたい！ 類義語

どちらかに準2級に配当された漢字を含む熟語が使われている類義語を中心に出題される。類義語は、「簡単」に対する「平易」や「容易」のように、同じような意味を持つ複数の熟語があることが多いので注意したい。ここでは、類義語として問われると思われる熟語を下段に示し、赤文字にした。

哀訴《あいそ》—嘆願《たんがん》
遺憾《いかん》—残念《ざんねん》
委託《いたく》—依頼《いらい》
遺漏《いろう》—脱落《だつらく》
憶測《おくそく》—推量《すいりょう》
快活《かいかつ》—明朗《めいろう》
回顧《かいこ》—追憶《ついおく》
火急《かきゅう》—切迫《せっぱく》
核心《かくしん》—根幹《こんかん》
我慢《がまん》—辛抱《しんぼう》
看過《かんか》—黙認《もくにん》
頑健《がんけん》—丈夫《じょうぶ》

看護《かんご》—介抱《かいほう》
干渉《かんしょう》—介入《かいにゅう》
頑丈《がんじょう》—堅固《けんご》
偽作《ぎさく》—模造《もぞう》
奇抜《きばつ》—突飛《とっぴ》
均衡《きんこう》—調和《ちょうわ》
駆逐《くちく》—追放《ついほう》
勲功《くんこう》—手柄《てがら》
慶賀《けいが》—祝福《しゅくふく》
激励《げきれい》—鼓舞《こぶ》
顕著《けんちょ》—歴然《れきぜん》
貢献《こうけん》—寄与《きよ》

肯定《こうてい》—是認《ぜにん》
克明《こくめい》—丹念《たんねん》
懇意《こんい》—親密《しんみつ》
懇切《こんせつ》—丁重《ていちょう》
根底《こんてい》—基盤《きばん》
策謀《さくぼう》—計略《けいりゃく》
左遷《させん》—降格《こうかく》
酌量《しゃくりょう》—考慮《こうりょ》
醜聞《しゅうぶん》—汚名《おめい》
周辺《しゅうへん》—近隣《きんりん》
熟睡《じゅくすい》—安眠《あんみん》
将来《しょうらい》—前途《ぜんと》

庶民《しょみん》—大衆《たいしゅう》
時流《じりゅう》—風潮《ふうちょう》
辛苦《しんく》—難儀《なんぎ》
進呈《しんてい》—寄贈《きぞう》
親友《しんゆう》—知己《ちき》
逝去《せいきょ》—永眠《えいみん》
繊細《せんさい》—微妙《びみょう》
措置《そち》—処置《しょち》
泰然《たいぜん》—沈着《ちんちゃく》
大胆《だいたん》—豪放《ごうほう》
卓越《たくえつ》—非凡《ひぼん》
卓絶《たくぜつ》—傑出《けっしゅつ》
妥当《だとう》—適切《てきせつ》
担保《たんぽ》—抵当《ていとう》
懲戒《ちょうかい》—処罰《しょばつ》
調停《ちょうてい》—仲裁《ちゅうさい》
手本《てほん》—模範《もはん》

動転《どうてん》—仰天《ぎょうてん》
同等《どうとう》—匹敵《ひってき》
入念《にゅうねん》—周到《しゅうとう》
忍耐《にんたい》—我慢《がまん》
薄情《はくじょう》—冷淡《れいたん》
伯仲《はくちゅう》—互角《ごかく》
抜群《ばつぐん》—屈指《くっし》
発祥《はっしょう》—起源《きげん》(原)
反撃《はんげき》—逆襲《ぎゃくしゅう》
罷免《ひめん》—解任《かいにん》
披露《ひろう》—公表《こうひょう》
不意《ふい》—唐突《とうとつ》
不穏《ふおん》—険悪《けんあく》
不審《ふしん》—疑惑《ぎわく》
無粋《ぶすい》—野暮《やぼ》
憤慨《ふんがい》—激怒《げきど》
紛糾《ふんきゅう》—混乱《こんらん》

変遷《へんせん》—推移《すいい》
没頭《ぼっとう》—専念《せんねん》
奔走《ほんそう》—尽力《じんりょく》
抹消《まっしょう》—除去《じょきょ》
道端《みちばた》—路傍《ろぼう》
無窮《むきゅう》—永遠《えいえん》
無視《むし》—黙殺《もくさつ》
盲点《もうてん》—死角《しかく》
厄介《やっかい》—面倒《めんどう》
幽閉《ゆうへい》—監禁《かんきん》
猶予《ゆうよ》—延期《えんき》
輸送《ゆそう》—運搬《うんぱん》
落胆《らくたん》—失意《しつい》
羅列《られつ》—列挙《れっきょ》
留意《りゅうい》—配慮《はいりょ》
了解《りょうかい》—納得《なっとく》
連綿《れんめん》—脈脈《みゃくみゃく》

絶対覚えたい! 四字熟語

準2級の四字熟語では、四字のうち一字を見つけて漢字に直す問題が出題される。意味も問われるので、同時にしっかりと覚えておきたい。ここでは、過去に出題された四字熟語を中心として、重要なものを取り上げた。

あ行

青《あお》息《いき》吐《と》息《いき》
苦しいときや困った時、弱った時につくため息。また、そのため息の出るような状態。

悪《あく》戦《せん》苦《く》闘《とう》
①強敵に対して必死に戦うこと。②困難な状況の中で懸命に努力すること。

悪《あっ》口《こう》雑《ぞう》言《ごん》
様々に悪口を言うこと。いろいろな悪口。

暗《あん》雲《うん》低《てい》迷《めい》
危険、破局などの起こりそうな不安な気配や暗い気分が続いていること。

暗《あん》中《ちゅう》模《も》索《さく》
①暗闇の中で手探りで捜すこと。②手掛かりのないままにいろいろと打開策を試みること。

安《あん》寧《ねい》秩《ちつ》序《じょ》
公共の安泰と社会の規則だった関係が保たれていること。

遺《い》憾《かん》千《せん》万《ばん》
思い通りにいかずきわめて残念なこと。

意《い》気《き》消《しょう》沈《ちん》
元気をなくして、がっくりと沈み込むこと。

意《い》志《し》薄《はく》弱《じゃく》
物事をやり遂げようとする気持ちや自分で判断を下す強い心に欠けること。

一《いち》言《ごん(げん)》半《はん》句《く》
わずかな言葉。ちょっとした言葉。

一《いち》汁《じゅう》一《いっ》菜《さい》
一杯の汁と一品のおかずの食事。粗食のたとえ。

一《いち》罰《ばつ》百《ひゃっ》戒《かい》
罪を犯した一人を罰することによって、多くの人の戒めにすること。

一《いっ》触《しょく》即《そく》発《はつ》
ちょっと触れてもすぐ爆発しそうなこと。危機に直面していること。

威《い》風《ふう》堂《どう》堂《どう》
威厳があって立派であるさま。

隠《いん》忍《にん》自《じ》重《ちょう》
怒りや苦しみをじっと抑えて我慢し、軽々しい言動を慎むこと。

有《う》象《ぞう》無《む》象《ぞう》
①宇宙にある有形、無形の一切のもの。②取るに足りない種種雑多な人々。多く集まったつまらない連中。

雲《うん》散《さん》霧《む》消《しょう》
雲や霧が消え失せるように、物事があとかたもなく消えてなくなること。

栄《えい》枯《こ》盛《せい》衰《すい》
栄えたり衰えたりすること。

英《えい》俊《しゅん》豪《ごう》傑《けつ》
才知や武勇が人より特にすぐれていて、度胸のすわっている人物。

円《えん》転《てん》滑《かつ》脱《だつ》
①言動が角立たず自由自在なこと。物事がすらすらと運んで、滞らないこと。②物事にこだわらないこと。

汚《お》名《めい》返《へん》上《じょう》
新たな成果を挙げて、悪い評判をしりぞけること。

温《おん》厚《こう》篤《とく》実《じつ》
人柄が穏やかで情に厚く、誠実なこと。

か行

外《がい》柔《じゅう》内《ない》剛《ごう》
外見は優しくおとなしそうに見えるが、実際は意志が強いこと。

夏炉冬扇《かろとうせん》
（夏の囲炉裏に冬の扇の意から）時期外れで役に立たない物事のたとえ。

換骨奪胎《かんこつだったい》
先人の詩や文章などの着想・形式などを借用し、新しいものを加えて独自の作品にすること。

冠婚葬祭《かんこんそうさい》
日本古来の四大礼式、元服・婚礼・葬儀・祖先の祭礼のこと。また、一般に、慶弔の儀式。

勧善懲悪《かんぜんちょうあく》
善事を勧め、悪事を懲らしめること。

奇想天外《きそうてんがい》
思いもよらないような奇抜な考え。

吉凶禍福《きっきょうかふく》
縁起の良いことと悪いこと。災いと幸せ。

喜怒哀楽《きどあいらく》
喜びと怒りと悲しみと楽しみ。人間のさまざまな感情。

鬼面仏心《きめんぶっしん》
鬼のような顔と仏のように慈悲深い心。

旧態依然《きゅうたいいぜん》
昔のままで、変化や進歩のないさま。

狂喜乱舞《きょうきらんぶ》
常軌を逸するほど非常に喜び、入り乱れて踊ること。

驚天動地《きょうてんどうち》
（天を驚かし地を動かす意から）世間をひどく驚かすこと。

金科玉条《きんかぎょくじょう》
最も大切にして守らなければならない法律・規則。絶対的なよりどころとなるもの。

鯨飲馬食《げいいんばしょく》
（鯨が水を飲むように）多量の酒を飲み、（馬のように）多量の物を食べること。牛飲馬食。

言行一致《げんこういっち》
口で言っていることと行動に矛盾がないこと。主張しているとおりに行動すること。

堅忍不抜《けんにんふばつ》
つらいことも我慢強く耐え忍んで、どんな困難にも心を動かさないこと。

厚顔無恥《こうがんむち》
図々しくて恥知らずなこと。また、そのさま。

好機到来《こうきとうらい》
物事をするのにちょうどよい機会がやってくること。チャンスがおとずれること。

公序良俗《こうじょりょうぞく》
おおやけの秩序と善良な風俗・習慣のこと。国家・社会の公共の秩序と普遍的道徳。

孤軍奮闘《こぐんふんとう》
①援軍もなく孤立したまま敵と戦うこと。②だれの援助も受けずに一人で努力すること。

故事来歴《こじらいれき》
事柄について伝えられてきた歴史やその事の出所・経歴。

誇大妄想《こだいもうそう》
自分の能力や境遇を過大に評価したり、想像したことを事実であるかのように思い込んだりすること。

鼓舞激励《こぶげきれい》
大いに励まして、気持ちを奮いたたせること。勢いづけること。

孤立無援《こりつむえん》
仲間もなくただ一人で、助けてくれる者がいないこと。

五里霧中《ごりむちゅう》
①方向を失い、見通しや方針が全く立たないこと。②物事の判断がつかなくて、どうしていいか迷うこと。

さ行

才色兼備《さいしょくけんび》
女性がすぐれた才知と美しい顔かたちを両方兼ね備えてもっていること。

山紫水明《さんしすいめい》
日に映えて山は紫色に見え、川の水は澄んで清らかであること。山や川の景色が美しいことをいう。

時機到来《じきとうらい》
何かを行うのによい機会がやってくること。しおどきになること。

七転八倒《しちてんばっとう》
転げ回って、もがき苦しむこと。

質実剛健《しつじつごうけん》
飾りけがなくまじめで、たくましくしっかりしていること。

疾風迅雷《しっぷうじんらい》
①激しく吹く風と激しい雷。②事態の変化が急で激しいこと。行動が迅速なこと。

縦横無尽《じゅうおうむじん》
どの方面にも限りがないこと。物事を思う存分にすること。自由自在。

主客転倒《しゅかくてんとう》
主と客の力関係が逆になること。物事の大小・軽重・本末などを取り違えること。

首尾一貫《しゅびいっかん》
方針や考え方などが始めから終わりまで変わらないで、筋が通っていること。終始一貫。

初志貫徹《しょしかんてつ》
初めに思い立った希望や考えを貫き通すこと。

神出鬼没《しんしゅつきぼつ》
(鬼神のようにたちまち現れたり消えたりする意から)行動が自由自在で、所在の予測がつかないこと。

新進気鋭《しんしんきえい》
その分野に新しく現れて、勢いが盛んであること。また、その人。

人跡未踏《じんせきみとう》
人がまだ一度も足を踏み入れたことがないこと。

心頭滅却《しんとうめっきゃく》
無念無想の境地に至る(どんな苦痛も苦痛と感じない)こと。

深謀遠慮《しんぼうえんりょ》
遠い将来のことまで考えて周到にはかりごとを立てること。

人面獣心《じんめんじゅうしん》
①顔は人間であるが、心はけだものに等しいこと。②恩義を知らない者、冷酷非情な者のたとえ。

酔生夢死《すいせいむし》
酒に酔ったような、また夢を見ているような心地で、なすところもなくいたずらに一生を終わること。

生殺与奪《せいさつよだつ》
生かしたり殺したり、与えたり奪ったりすること。どうしようと思いのままであること。

勢力伯仲《せいりょくはくちゅう》
相互の勢力がよく似ていて優劣のないこと。

是非曲直《ぜひきょくちょく》
物事の善悪や正邪。

千載一遇《せんざいいちぐう》
千年に一度しかめぐりあえないほどめったにないこと。

前途多難《ぜんとたなん》
ゆくてや将来に災難や困難が多いこと。

前途洋洋《ぜんとようよう》
ゆくてや将来が広々と広がるさま。

千慮一失《せんりょいっしつ》
どんな知恵ある者でも、多くの考えのうちには一つぐらい思い違いや失策があるということ。思わぬ失敗。

た行

泰然自若《たいぜんじじゃく》
ゆったりと落ち着いていて物事に動じず、平常と変わらないさま。

多事多難《たじたなん》
次々と事件が起こり、困難が多いこと。

昼夜兼行《ちゅうやけんこう》
①昼も夜も休まず道を急ぐこと。②昼夜の区別なく、仕事をすること。

朝三暮四《ちょうさんぼし》
①目先の違いに気をとられて、実際は同じであるのに気がつかないこと。②口先で人をだますこと。③生計。くらし。

朝令暮改《ちょうれいぼかい》
朝に出した命令を夕方には改めかえること。方針などが絶えず変わって定まらないこと。

徹頭徹尾《てっとうてつび》
最初から最後まで。終始。あくまでも。どこまでも。

天衣無縫《てんいむほう》
①詩や文章に技巧のあとがなく、いかにも自然で完美であるさま。②天真爛《らん》漫なさま。

当意即妙《とういそくみょう》
すばやくその場にうまく適応して機転をきかすこと。また、そのさま。

東奔西走《とうほんせいそう》
ある仕事や目的のために、あちこち忙しく走りまわること。

な行

難攻不落《なんこうふらく》
①攻撃するのがむずかしく、たやすく陥落しないこと。②なかなか思い通りにならないこと。

は行

破顔一笑《はがんいっしょう》
顔をほころばせて、にっこり笑うこと。

薄志弱行《はくしじゃっこう》
意志が弱く、実行力に乏しいこと。

馬耳東風《ばじとうふう》
他人の意見や批評などを、まったく心に留めずに聞き流し、少しも反省しないこと。

美辞麗句《びじれいく》
うわべを美しく飾りたてた言葉や文句。（内容や誠意のないことに言う。）

百鬼夜行《ひゃっきやこう(ぎょう)》
①いろいろな化け物が夜中に列をなして出歩くこと。②得体の知れない多くの人々が奇怪な振る舞いをすること。

表裏一体《ひょうりいったい》
①相反する二つのものが大もとでは一つであること。②二つのものの関係が密接で切り離せないこと。

比翼連理《ひよくれんり》
夫婦の仲のむつまじいことのたとえ。男女の深い契《ちぎ》りのたとえ。

複雑怪奇《ふくざつかいき》
複雑にしてわかりにくく不思議なこと。また、そのさま。

普遍妥当《ふへんだとう》
どんな場合でも、真理として認められること。

付和雷同《ふわらいどう》
自分自身に一定の主義・主張がなく、他の説にわけもなく安易に賛成すること。

変幻自在《へんげんじざい》
思うままに姿を変えて、現れたり消えたりすること。変わり身がはやいこと。また、そのさま。

傍若無人《ぼうじゃくぶじん》
人のことなどまるで気にかけず、勝手気ままに振る舞うこと。

ま行

無為自然《むいしぜん》
作為がなく、自然のままであること。あるがままにまかせること。

迷惑千万《めいわくせんばん》
このうえなく迷惑であるさま。

や・ら・わ行

優勝劣敗《ゆうしょうれっぱい》
①力の強い者が勝ち残り、劣っている者が負けること。②生存競争で強者や適者が栄え、弱者や不適応者が滅びること。

勇猛果敢《ゆうもうかかん》
勇気があって何物をも恐れず、強い決断力で大胆に物事を行うこと。また、そのさま。

悠悠自適《ゆうゆうじてき》
世間のことに煩わされず、自分の思いのままに心静かに暮らすこと。

要害堅固《ようがいけんご》
地形がけわしく防備が固く、容易には破られないこと。

論旨明快《ろんしめいかい》
論文・議論の主旨や筋道が明らかですっきりしていること。

和洋折衷《わようせっちゅう》
日本風と西洋風とをほどよく取り合わせて用いること。

常用漢字表・付表

熟字訓・当て字

▼改定された常用漢字表・付表にある、熟字訓・当て字です。読み間違えのないように、繰り返し確認しましょう。
▼——線の漢字は、高等学校で習う読みです。

あ 明日（あす）・小豆（あずき）・海女・海士（あま）・硫黄（いおう）・意気地（いくじ）・田舎（いなか）・息吹（いぶき）・海原（うなばら）・乳母（うば）・浮気（うわき）・浮つく（うわつく）・笑顔（えがお）・叔父・伯父（おじ）・大人（おとな）・乙女（おとめ）・叔母・伯母（おば）・お巡りさん（おまわりさん）・お神酒（おみき）・母屋・母家（おもや）

か 母さん（かあさん）・神楽（かぐら）・河岸（かし）・鍛冶（かじ）・風邪（かぜ）・固唾（かたず）・仮名（かな）・蚊帳（かや）・為替（かわせ）・河原・川原（かわら）・昨日（きのう）・今日（きょう）・果物（くだもの）・玄人（くろうと）・今朝（けさ）・景色（けしき）・心地（ここち）・居士（こじ）・今年（ことし）

さ 早乙女（さおとめ）・雑魚（ざこ）・桟敷（さじき）・差し支える（さしつかえる）・五月（さつき）・早苗（さなえ）・五月雨（さみだれ）・時雨（しぐれ）・尻尾（しっぽ）・竹刀（しない）・老舗（しにせ）・芝生（しばふ）・清水（しみず）・三味線（しゃみせん）・砂利（じゃり）・数珠（じゅず）・上手（じょうず）・白髪（しらが）・素人（しろうと）・師走（しわす・しはす）・数寄屋・数奇屋（すきや）・相撲（すもう）・草履（ぞうり）

た 山車（だし）・太刀（たち）・立ち退く（たちのく）・七夕（たなばた）・足袋（たび）・稚児（ちご）・一日（ついたち）・築山（つきやま）・梅雨（つゆ）・凸凹（でこぼこ）・手伝う（てつだう）・伝馬船（てんません）・投網（とあみ）・父さん（とうさん）・十重二十重（とえはたえ）・読経（どきょう）・時計（とけい）・友達（ともだち）

な 仲人（なこうど）・名残（なごり）・雪崩（なだれ）・兄さん（にいさん）・姉さん（ねえさん）・野良（のら）・祝詞（のりと）

は 博士（はかせ）・二十・二十歳（はたち）・二十日（はつか）・波止場（はとば）・一人（ひとり）・日和（ひより）・二人（ふたり）・二日（ふつか）・吹雪（ふぶき）・下手（へた）・部屋（へや）

ま 迷子（まいご）・真面目（まじめ）・真っ赤（まっか）・真っ青（まっさお）・土産（みやげ）・息子（むすこ）・眼鏡（めがね）・猛者（もさ）・紅葉（もみじ）・木綿（もめん）・最寄り（もより）

や 八百長（やおちょう）・八百屋（やおや）・大和（やまと）・弥生（やよい）・浴衣（ゆかた）・行方（ゆくえ）・寄席（よせ）

わ 若人（わこうど）

メ モ

メモ

メ モ

本書に関する最新情報は，当社ホームページにある本書の「サポート情報」をご覧ください。(開設していない場合もございます。)

漢字検定 準2級 完成問題

編著者　絶対合格プロジェクト
発行者　岡　本　明　剛
印刷所　寿印刷株式会社

発　行　所

©株式会社 増進堂
大阪市西区新町2丁目19番15号
TEL(06)6532－1581(代)　〒550－0013
FAX(06)6532－1588

落丁・乱丁本はお取り替えします。

高廣製本　Printed in Japan